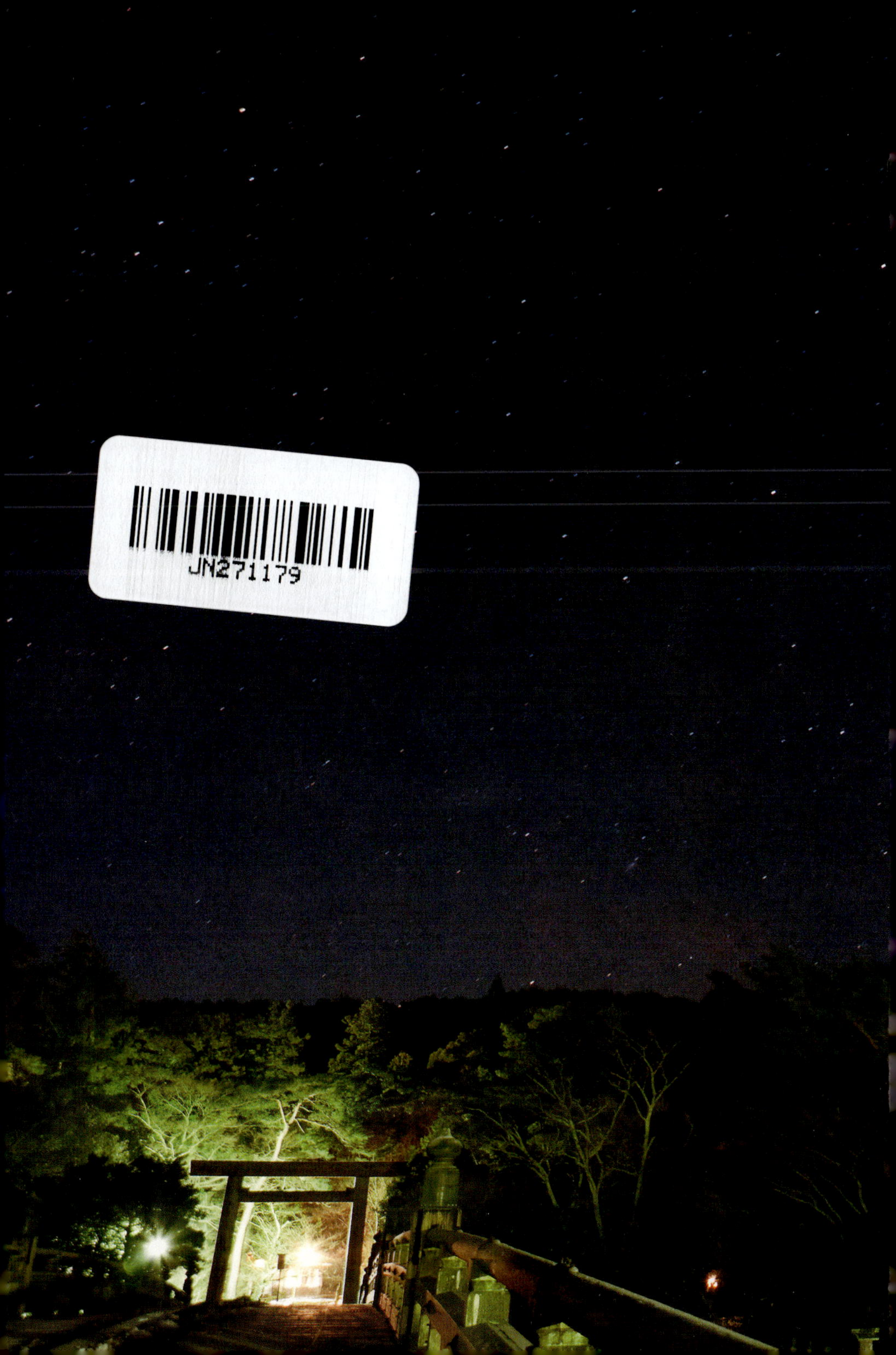

JN271179

神宮

J I N G U

伊勢神宮の正式名称は「神宮」です。
本書ではすべて伊勢神宮を
「神宮」と表記しています。

神宮の杜から

神宮少宮司
高城治延《たかぎはるのぶ》

二百年かかる神宮林の再生

自然豊かな神宮には参道から見える神域だけでなく、五千五百ヘクタールという広大な敷地があります。神域は人の手を入れない自然の杜ですが、三千ヘクタールは檜を植林し、針葉樹だけでは保水力がないので、広葉樹を混ぜて混交林にしています。そのおかげで五十鈴川に雨が降り、川が濁っても半日も経てばきれいな澄んだ水になるのです。

もともと、式年遷宮《しきねんせんぐう》の御用材《ごようざい》はこの神宮林の中から伐り出されていました。以前は自然に大きくなったものを御用材として使っていましたが、木が御用材になるまでには二百年くらいかかるわけです。そうしますと、ついには枯渇してしまい、今は国有林から伐採されているわけです。

江戸時代は宇治会合年寄《うじかいごうとしより》という人々が山を管理していたんです。そこに「おかげ参り」という風習があり、半年間で数百万人という方が神宮にお参りされました。その時代にお参りに来られる方々をおもてなしするのは、薪や炭しかないものですから、周囲の山から木を伐り出しました。結果、神宮の背後は禿げ山になってしまい、大正時代初め頃までは、大雨が降ると

式年遷宮…二十年に一度、神様の神殿を立て替え、御神宝や調度品を新調し、新しいお宮にお遷りいただくお祭り。

御用材…式年遷宮で神殿を造営するための材料。材木や萱など。

おかげ参り…江戸時代に流行した伊勢参り。

伊勢の町も洪水に見舞われたそうです。

　大正十一年（一九二二）に山は神宮の所管になり、大正十二年（一九二三）に学識者も交えて森林経営計画をたてました。一番目には禿げ山にならないような景観の保全。二番目は洪水を防ぐための水源の涵養《かんよう》。そして一番大事なのが、古代と同じように式年遷宮の御用材を育成すること。この三つを柱に、木を植えて大木になるまで二百年という遠大な森林経営計画がたてられ、八十五年経ちました。そのときに植えられた檜は今では直径四十センチくらいに育っています。

　今回の御遷宮では二十四パーセントの御用材が、この神宮林からの御用材になります。鎌倉時代から七、八百年ぶりでしょうか。先人たちの叡智です。これがあと百年も経てば、神宮林から百パーセント供給できるのではないかと思います。

習礼《しゅうらい》の大切さ

　神宮の中でも絶対変えてはいけない部分というのが祭儀の部分です。祭儀は古来厳守されたものをそのまま受け継いでいかなければなりません。

「習礼《しゅうらい》」というのですが、神宮では年二回ほど、神職が集まってお祭りの勉強や練習をしています。神様に御奉仕する以上はまず最初に心構えが出来ていないといけません。私がいつも神職たちに申し上げることは、まずは服装のことです。白衣や足袋が汚れたものでなく、服装を整え、装束《しょうぞく》をきちっと着ける。冠や烏帽子も曲がらないようにする。それが出来ていない人は神様に御奉仕する気持ちが整っていないわけですから、麗《うるわ》しい御奉仕ができないと思います。

　神様に御奉仕することは最も大事なこと。歴代の陛下がつねに「先《ま》ず神事《しんじ》、後に他事」という言葉を胸にして御奉仕されていることをお伺いしておりますが、私たちもそれを心構えとして御奉仕させていただいています。

　ただし遷宮祭（遷御《せんぎょ》の儀）になりますと、御奉仕する人が三〜四百人という世界になるので、それぞれが自分の役割をきちっと勉強していただいて、ぶっつけ本番になります。ところが不思議なことに、誰も間違えないんです。それがすごいなと思います。三百人もの人が集まり、外部からお手伝いに来ていただく方もいますから、一緒に習礼をすることはないんですけども、スムーズにいくんです。

若い世代に広がった神宮の情報

　近年、報道の方々がよく取り上げていただいたこともあり、雑誌

遷御の儀…遷宮諸祭の中で一番重要な、神様に新殿にお遷りいただく儀。

やテレビで神宮が連日報道され、「それじゃ一度、神宮へ行ってみよう」ということで、参拝者の方が多くお見えになるようになりました。今は若い方々も多くお見えになります。雑誌で神様へのお参りの仕方などを読まれたのか、宇治橋の鳥居をくぐる前に一礼して入られるんです。これはいいことだなと思います。

そして、神宮へ来ていただいて、「ああ、ここは何か違う」「大変尊い神様がおみえになるんだな」ということを御自分で感じていただくことが大事だと思います。

神道には「言挙《ことあげ》せず」といって、大きな声を上げて主義主張はしないということが昔から言われています。しかし、今はお話や広報をしないとわかっていただけない時代です。広報は大変大事なことだと思っています。今回の御遷宮では、前回よりも三年早く遷宮広報本部を、神社本庁と神宮と奉賛会で立ち上げました。また、神宮も広報が大事だろうということで、今までは総務部の一つの課だったものを広報室という一つの部に格上げし、スタッフも充実させています。

　皆さんにおすすめしたいのは御神楽《おかぐら》をあげることです。御神楽をあげていただければ、これが御祈願なんだなと感じられるはずです。

　皆さんは神楽を「観る」と言われるのですが、ちょっと違うんです。神楽を「あげる」とおっしゃっていただくのが正しいと思うんですよ。お願いごとを聞いていただくために、神様にお気持ちや初穂料でもって、舞を御奉納するわけです。神様に楽しんでいただくという意味で「神楽」という言葉なので、自分が観て楽しむためのものではないのです。

　神楽をあげていただくと分かるんですが、主に神様の方を向いて舞っています。それを分かってい

御遷宮の思い出

これまでの御遷宮で印象深いのは、前回の平成５年の御遷宮のときのことです。20年経っても、とても光り輝いていると感じていた麗しいお社《やしろ》が、遷御の儀で神様がお遷りになると、光が消えて、とても寂しい姿に見えました。ああ、確かに神様がお遷りになったのだなと実感しました。翌日の朝にも御奉仕でお宮へ行くのですが、新殿から旧殿を見ると、やはり夜に感じたのと同じだなと改めて感じました。

御神楽…神様に奉納するための歌舞。神宮では専門の楽師・舞女が行う。

ただけたらと思います。

平成二十四年に「せんぐう館」がオープン

神宮はどの風景も好きです。特に宇治橋から川上を眺めた風景、火除橋の手前から山の方を見ると国旗が風に揺れている風景、新しくなった風日祈宮橋《かざひのみのみやばし》から見る川上川下の風景、滝祭神《たきまつりのかみ》から風日祈宮に抜ける小道も美しい。じつは以前、明治時代までは火除橋から外は民家があったんです。今は神苑になっていますが、それまでは宇治橋は民家への橋であり、火除橋が神宮への入口でした。だから、人工の苑地になっているんです。ちょっと佇まいが違いますよね。

ところで、神宮は内宮と外宮がありますが、昔から「外宮先祭《げくうせんさい》」と言いまして、外宮を先に参拝する習わしになっています。ここに居させていただけるのも、お食事をいただけるからです。まず、衣食住の守り神様である外宮に感謝を捧げていただく。それから内宮にお参りしていただくのがいいと思います。

伊勢の方々は「片参り」といって片方しか参拝しないのを忌み嫌いました。今、外宮の参拝者は増えていますが、それでも内宮の参拝者の三分の一なんです。

そこで、外宮前の山田の町を活性化することもふくめ、勾玉池の前に御遷宮の付帯事業で「せんぐう館」という施設を造り始めました。未来永劫に続けていかなければならない御遷宮を知っていただき、「式年遷宮とは何か?」「神宮とは何か?」を理解していただくためにも、そういう展示をしようと考えています。

平成二十四年の四月にオープンします。勾玉池の景観を楽しみながら、遷宮や神宮のことを理解していただければと思います。

目次

第三章　神宮のお祭り

第四章　神宮参拝ガイド

第一章

神宮とは？

神宮とは？

神宮とは何なのか？　何のために神宮に参拝するのか？
分かったつもりでも、なかなか理解しがたい神宮のことを、
神社に関する著書が多い、万象学宗家・辰宮太一さんにお聞きしました。

文・辰宮太一　text by Taichi Tatsumiya
撮影・Kankan　photograph by Kankan

神宮の御神徳

伊勢神宮の正式名称は「神宮」。熱田神宮や鹿島神宮、明治神宮など、日本には、多くの神宮があるが、ただ一言で「神宮」と呼んで通るのは、伊勢の神宮のみ。まさに、神の中の神、日本神社界の中心である。

神宮には、もっとも大きな内宮《ないくう》、外宮《げくう》を始めとして、百二十五もの神社がある。一部は、大きなお宮の中に祀られていたり、参拝できないが、その大半は、お参りできる。すべては無理としても、別宮といわれる比較的大きなお宮はお参りするといいだろう。

内宮の正式名称は皇大神宮《こうたいじんぐう》、外宮が豊受大神宮《とようけだいじんぐう》。御祭神は内宮が天照坐皇大御神《あまてらしますすめおおみかみ》、外宮が豊受大御神《とようけのおおみかみ》。普通にアマテラスオオミカミを漢字で書けば天照大御神だが、神宮では坐と皇の二文字が加わっている。ここが大事なところ。坐とはいわばそこに居続けるという意味であり、役目とか立場とも言える文字。皇《すめら》は王であり統、つまり統べる。天を照らす太陽の神が、神々を統べる立場として神宮にとどまっている。なんとも有り難いではないか。

外宮の神は、天照大御神のお食事を整える役目の神だと言われるが、私はすべてを生み出す豊饒の大地の神なのだと思う。

まず外宮に参拝し、その後に内宮に参拝することをお勧めする。じっさい、外宮先祭といって、神宮の大きなお祭りの多くは、外宮が先、内宮が後なのだ。

内宮の神は、いわば太陽神。天に輝く太陽の神気をきちんと受け取るには、お参りする側の土台をしっかりさせることだ。そこで、大地の神である外宮さんにまず参拝し、大地のパワーを授かる。そのあとで内宮さんに参拝すると、太陽＝天のパワーがその土台の上に降り注がれるのだ。

20年間で1億人以上が渡るという宇治橋。その間、橋の表面が数センチ減るという。

錦秋の御手洗場。空の青と紅葉と、川面に映る彩りにため息が出そうになる。

内宮月次祭、奉幣の参進

外宮で真剣にお参りすると、気持ちに芯が立つ感じがする。スッキリと迷いがなくなり、物心ともに、自然と未来への備えができるようになるかもしれない。なによりも安心を得させてくださるはずだ。常に安心している人は、チャンスにもピンチにも強いからだ。

内宮で祈りを捧げると、余計な思いがすっと消えていくのを感じる。そして、言い様のない心地よさと感謝が胸の中心に湧いてくる。その昔、西行法師が神宮で詠んだ「なにごとのおはしますかは知らねども　かたじけなさに涙こぼるる」という句がわかる気がするのだ。

経験上、神宮に参拝すると、半年から数年という長いサイクルで人生が良い方向に進む人が多いように思う。それが、神宮の神徳かもしれない。

私は運命の専門家でもある。その視点で少しお話ししたい。

内宮の新嘗祭。祭主様にスポットのように陽光が当たった。

人は目の前の願いが叶うことを、幸せだと思いがちであるが、人生の土台が整い、波風に揺れることなく日々をスムーズに送れる人の方が、よほど運がいい。

その場のラッキーで喜んでいると、次のステップではつまずくもの。小さな幸運を欲しがる人ほど、小さなアンラッキーに揺れてしまい、結局人生という土台は定まらないまま年だけ取っていくことになりかねない。神宮では、小さなことを祈るのではなく、少なくとも人生のことを、できれば、あなた自身という個人のことではなく、あなたという個を取り巻く環境のことを祈ってほしい。

じつは、神宮は本来個人的な祈願ができない場所である。神宮はもともと、天皇陛下が国のことを祈るための場なのだ。ここから、神宮の秘密の一端が垣間見える。それは、神宮の神様の格が大きいということ。

外宮の月次祭。空には冬の大星座、オリオンがまたたく。

内宮の神嘗祭。忌火屋殿（いみびやでん）での修祓に向け参進する祭主と神職たち。

神宮の神は、国のトップが純粋に公の心で、国の安泰を祈るような神様なのだ。そこで小さなことを祈るのはどうだろう。考えてみれば意味を持たないかもしれない。

大きな神の御前《みまえ》に立つなら、大きなことを祈るのが正しい。少なくとも、あなたの住む地域のこと以上をきちんと祈ることができたら素晴らしい。できれば国のことを祈ってごらんなさい。そんな大きなこと、わかりませんといわず、少し調べれば、この国の長所も短所も、芽吹きつつあるいいことや抱えている問題まで、簡単にわかるはず。

感謝こそ開運の第一歩

それよりもっといい方法をお教えよう。それは感謝。願うより感謝である。しかも、あなた個人というより、あなたの家族や家系、友人知人たち、住んでいる地域、所属して

神嘗祭。内宮正宮。神への感謝を捧げる厳かなる御祭りが行われる。

いる会社などの集団の代表として、感謝を捧げるのだ。

感謝に理由はいらない。ただ「ありがとうございます」と、ありがたいなという気持ちで胸をいっぱいにして、御神前で頭を垂れればいいのだ。

じっさいに、御神前で自分史上最大規模で感謝を捧げることができたとしたら、それだけであなたの運命的な格は上がっている。

多くの人は、感謝は何か良いことと引き替えにするものだと思っている。この勘違いをなくすだけで、運気は上がり始めるのだが、取り引き的な感覚はなかなか消えない。本当は、感謝に理由はいらないのだ。

不幸のどん底にいる人は、なかなか感謝できない。あらゆることが不満だし、許せないし、すぐどうせと諦める。しかし、感謝できないから幸せが寄りつかず逃げていったとも考えられるのだ。

感謝はあらゆる人の心に備わった機能である。どんな状況でも理由なく感謝ができる人は、人としての格が高いのだ。そして、感謝こそ、幸運を呼びこみ、幸福を逃がさないエナジーなのである。神宮という大きな神々のいますところで、大きな感謝を捧げられることは、それだけで開運の偉大なる一歩になる。

最初は無理にでも感謝っぽいことを想うだけでもいい。次第に、ここに生きてあることが、本当に奇跡のようなことなのだと感じられるかもしれない。

広大無辺の宇宙の中、二千億個もの星が集う銀河系に太陽系はある。すでに奇跡に思えないだろうか？

この地球が存在できている奇跡。太陽が輝いてくれるという奇跡。海があり水があり、空気があり、大地があり、森が、山があって、そしてあなたがそこにいるという奇跡。そして、神宮で感謝を捧げている。そんなイメージを持てたなら、いつしか心から感謝できることだろう。気持ちいいはずだし、涙があふれるかもしれない。

神宮を語る時「御利益」というワードは、極力使いたくないし、パワースポット的な視点でもあまり見ていただきたくはないものだ。しかし、神宮で感謝を捧げるという極上の参拝ができれば、あなたの運気は必ず上がりますよと言っておこう。

ところで「神宮と一般の神社の違いは？」という質問を受けることがある。もちろん、神宮も全国にあまたある神社も、「神を祀る場」であり、本質的には同じである。

先ほども少し述べたが、かつて神宮は私幣禁断《しへいきんだん》といって、個人的な捧げものや祈願を禁じていた。これは神宮が「天皇親祭」の場であったためだ。もちろん天皇陛下は、当時も皇居にいらっしゃったわけだから、天皇陛下の代理で神にお仕えする役目として、神職が常駐していた。

現在の神宮は、独立した宗教法人として、形としては皇室と別の格を持つのだが、天皇親祭の精神は受け継がれているはずだ。

今なお、外宮、内宮の御正宮の御垣内には許可を受けた人以外は入れないし、そのさらに奥の御門内には、天皇陛下と神職しか入れない。

神宮に参拝する時には、特別に許された場に行くのだと意識してみるのもいいかもしれない。

おそらく神宮は、今もなお純粋なまでに、神のための宮である。神宮の神職は全員、神宮にいらっしゃる神が常にお幸せであるようにと奉仕しているに違いない。基本は神のための人生であるはずだ。神職が神の道具としてきちんと働くお宮だからこそ、神がみずみずしく活動できているのだろう。

夜明けの内宮。雲が美しく焼けた。

参拝する前に知っておきたい！

神宮の基礎知識

広大な神域をもち、多くのお宮からなる伊勢の神宮。
気持ちよく参拝させていただくために、
祀られている神様、歴史や成り立ち、主要なお祭り、
参拝する順序など、基本的なことを知っておきましょう。

「神宮」は百二十五社の総称

三重県伊勢市一帯に鎮座する伊勢の神宮。全国約八万の神社の頂点にある日本人の総氏神です。古くから、「お伊勢さん」と親しまれてきました。伊勢神宮とよく呼ばれますが、正式名称は「神宮」。また、神宮は一つのお宮を指すのではなく、皇大神宮《こうたいじんぐう》と豊受大神宮《とようけだいじんぐう》をはじめ、それぞれの別宮《べつぐう》、摂社、末社、所管社からなる百二十五社の総称です。皇大神宮は内宮《ないくう》、豊受大神宮は外宮《げくう》と言い、地元の人は親しみをこめて内宮さん、外宮さんと呼びます。

神宮に祀《まつ》られている神様

内宮の御祭神は、天照大御神《あまてらすおおみかみ》。あらゆる生命を育む太陽にもたとえられ、皇室の御祖神《みおやがみ》であり、日本国民の総氏神です。約二千年前の垂仁《すいにん》天皇の御代に、五十鈴川の川上に御鎮座されました。外宮の御祭神は豊受大御神《とようけのおおみかみ》。衣食住をはじめとする産業の守り神。天照大御神に食事をお供えする御饌都神《みけつかみ》として、千五百年ほど前の雄略《ゆうりゃく》天皇二十二年、伊勢の地に招かれ、山田原に御鎮座されました。

参拝順序は外宮から内宮へ

お参りは内宮と外宮、ぜひ両宮にお参りを。そうでないと片参宮《かたさんぐう》になると昔の人は嫌いました。お参りする順は外宮が先、その次に内宮にお参りするのが古来の習わしとされています。神宮のお祭りでも、「外宮先祭《げくうせんさい》」といって、まず外宮から先に行われます。それは、天照大御神が、「お祭りでは豊受の神を先に」と命じたためと伝えられています。なお、内宮と外宮は約五キロメートル離れており、循環バスが両宮をつないでいます。

神宮の広さはどのくらい?

神宮の宮域は約五千五百ヘクタール。伊勢市の四分の一ほどを占めます。東京都の世田谷区の面積と同じくらいです。宮域は、御正宮を中心とする境内一帯の「神域」と、その他の「宮域林」に大別されます。神域の樹木は御鎮座以来斧を入れない決まりとなっています。宮域林は神域の周囲の第一宮域林と、将来の御造営用材となる檜が育てられている第二宮域林からなります。

二十年に一度の大祭、式年遷宮

二十年に一度、神様を新しいお宮にお遷《うつ》しし、神の力の永遠を祈るのが式年遷宮。神殿を建て替え、御装束・神宝など調度品の一切を新調する、神宮最大のお祭りです。持統《じとう》天皇四年（六九〇）の第一回遷宮以来、千三百年以上の伝統があります。平成二十五年（二〇一三）には第六十二回の遷宮が行なわれる予定で、準備の諸祭が平成十七年より始まり、平成二十一年には宇治橋が新しく架け替えられました。

千五百年続く、日別朝夕大御饌祭《ひごとあさゆうおおみけさい》

天照大御神のお食事を司る神として、豊受大御神が伊勢の地に招かれた千五百年前から続けられてきたのが、毎日朝夕の食事を神様にお供えするお祭りです。お米、魚、野菜、果物などが毎朝、神域内の井戸から汲まれた清らかな水と、昔ながらの「火きり」でおこした火で調理されます。食材もほとんど神宮で自給自足されるなど、清浄さが保たれています。朝食と夕食のみなのは、古代の人々の食事が一日二食だったからと言われます。

神宮のお祭りは静か

神宮で行なわれるお祭りの数は年間約千五百回! 毎日さぞかし賑やかなのでは? と思われそうですが、実は、神宮のお祭りは静かで厳かです。年間のお祭りで最も重要な十月の神嘗祭《かんなめさい》と六・十二月の月次祭《つきなみさい》は、清らかな夜を意味する浄闇《じょうあん》の中で古式ゆかしく行なわれます。松明の炎に照らされ、お供えものをはじめ祭主・神職たちが榊《さかき》と御塩《みしお》でお祓いを受けたのち、特別なお食事をお供えし、神様だけに聞こえる微音で祝詞《のりと》を奏上します。

第二章

宮域を歩く

豊受大神宮（外宮）

神宮参拝は、まず豊受大神宮（外宮）へ。木漏れ陽の美しい参道を通り、玉砂利を踏みしめながら、板垣に囲まれた御正宮へ向かいましょう。

地元の人に親しまれる豊受さん

　伊勢神宮へのお参りはまず外宮から。正式には豊受大神宮《とようけだいじんぐう》といいます。外宮は伊勢市の中心に近く、ＪＲまたは近鉄の伊勢市駅から徒歩五分ほど。市街地の真ん中に豊かな森があるのが不思議に思えますが、外宮の奥にある山からの風が清浄な空気を作りだし、森には多くの動植物も見られます。

　外宮に祀られている豊受大御神《とようけのおおみかみ》は、食物をはじめとするあらゆる産業の守り神。私たちの生活の基盤を支えてくださる神様です。地元の人は外宮さん、もしくは豊受さんと呼びますが、厳かな中にも親しみやすい雰囲気が感じられるお宮ではないでしょうか。内宮と社殿の規模はほぼ同じですが、広さは内宮の十分の一ほど。

　外宮の入口は表参道の火除《ひよけ》橋。手水舎で手と口を清めたのち、第一鳥居をくぐると、樹林に覆われた参道は木漏れ陽が美しく、清々しい風を感じます。神域では、玉砂利を踏みしめながら参道を歩くことが一種の禊《みそぎ》ですから、心静かに歩きたいもの。第二鳥居をくぐると、より清浄な神域で、やがて右手に板垣に囲われた御正宮《ごしょうぐう》が見えてきます。

　御正宮には四重の御垣《みかき》がめぐらされた一番奥に豊受大御神をお祀りする御正殿《ごしょうでん》があり、一般の参拝が許されるのは外側から二番目の御垣の前まで。純白の絹の御幌《みとばり》の向こう側が、御垣内《みかきうち》と呼ばれる、もっとも清浄なる神域です。

唯一神明造りの御社殿

　豊受大御神の御鎮座は今からおよそ千五百年前、天照大御神《あまてらすおおみかみ》の御鎮座から五百年ほど後のこと。天照大御神にお食事をたてまつる神としてこの地に迎えられました。以来、外宮では、日別朝夕大御饌祭《ひごとあさゆうおおみけさい》という神々へのお食事をお供えするお祭りが、千五百年間、毎日、朝夕続けられています。神聖なお祭りですから拝見はできませんが、参拝者はいつ訪れても、お祭りの日に参拝していることになるのです。日々、食にあずかり、命を養えることへの感謝をこめて参拝されるといいでしょう。

　総檜造りの簡素な社殿は、唯一

空を見上げると、その大木の高さに自然の力強さを感じる

新嘗祭。日の光が衣装を美しく透かしている。

神明造りと言われる日本古来の建築様式。内宮と外宮でほぼ同じですが、屋根の上の鰹木の数など細部が違います。二十年に一度の式年遷宮《しきねんせんぐう》により新しい社殿に建て替えられます。

平成二十五年には第六十二回式年遷宮が行なわれ、現在の御正宮の隣の新御敷地《しんみしきち》に新しい御正宮が建ち、神様がお遷りになられます。

外宮には別宮《べつぐう》といわれるお宮が宮域内に三宮、宮域外に一宮あります。別宮は御正宮に次ぐ特別なお宮ですから、こちらにもぜひお参りを。参道を隔てて御正宮の目の前に広がる御池《みいけ》の南側に、多賀宮《たかのみや》、土宮《つちのみや》、風宮《かぜのみや》があります。高台にある多賀宮のあたりは空気が澄み、外宮の自然の豊かさを感じられます。

第二鳥居近くの神楽殿《かぐらでん》では御神《おか》楽《ぐら》や御饌《みけ》といった御祈祷《ごきとう》を申し込むことができます。

北御門口鳥居そばの紅葉が美しかった。

宮域外の別宮月夜見宮へ

宮域外にある別宮、月夜見宮《つきよみのみや》もお参りしましょう。外宮よりさらに伊勢市駅に近いのですが、うっそうとした樹林の中で静けさが保たれ、ゆったり穏やかな気持ちになれるお宮です。北御門口《きたみかどぐち》参道からまっすぐに伸びる神路《かみじ》通りを歩いて五分ほどのところにあります。

北御門口参道は裏参道とも呼ばれますが、徒歩で参拝していた時代はこちらが表参道でした。

参道沿いに神馬《しんめ》が飼育されている御厩《みうまや》があり、やさしい目をした神馬に会えるかもしれません。

月夜見宮も含めた外宮のお参りには一時間ほど見ておきましょう。御神楽や御饌などの御祈祷をする場合はさらに四十分ほど必要です。

食の神様である外宮にお参りしたあとは、日々の食事も一段とおいしくいただけるのではないでしょうか。

豊受大神宮（外宮）へ詣でる

火除橋《ひよけばし》と手水舎《てみずしゃ》

火除橋を渡ると外宮の神域

火除橋を渡るとその先は神域。火除橋の名は、江戸時代には橋の近くまで民家があり、川の水が町からの火災を防ぐ役目をしていたことから。お祭りの時、神職たちはこの橋から外に出ることはありません。

外宮では左側通行です。そのため参道の左側に手水舎があります。手水とは神聖な場所に入るための禊ぎの儀式を簡略化したもの。ここで手と口を清めましょう。

清盛楠《きよもりぐす》

太古の森には歴史を伝える古木も

参道をはさんで手水舎の向かい側に清盛楠と呼ばれる木があります。およそ八百年前、平清盛が天皇のお遣いとして国家平安の祈願のために参拝した時、冠にこの楠の枝がさわったので、枝を切らせたというエピソードが伝えられています。

昭和三十四年の伊勢湾台風で中央部が割れ、二本の木のようにも見えますが、ひと株の太い古木です。

第一鳥居と第二鳥居

二つの鳥居をくぐり、御正宮へ

鳥居は神様のお住まいの門にあたります。第一鳥居（一の鳥居）は軽く会釈をしてくぐりましょう。神宮の鳥居は檜造りのシンプルな神明鳥居です。

第二鳥居（二の鳥居）の先はより神聖な領域。御正宮に参拝する心の準備を整えます。皇族の御参拝は第二鳥居の前でお車を降りられ、お祓いがなされます。また、天皇陛下からの幣帛《へいはく》という捧げものが奉られる時もこちらで祓い清めが行われます。

「外宮先祭」という言葉があり、神宮では内宮よりもまず外宮を参拝することが
昔からの習わしになっています。伊勢に到着したら、まず外宮の御正宮へ向かいましょう。
参道の自然を愛でながら、ゆったりとした気持ちでどうぞ。

神楽殿と授与所

御神楽《おかぐら》で、より丁寧な御祈願を

御饌《みけ》、御神楽といった、御祈祷《ごきとう》を行なうのが神楽殿。御神楽は神に舞楽を奉納して御祈願します。平成十二年に新築された総檜造りの御殿は、もとから生えていた楠を生かす設計になっています。

神楽殿は内宮・外宮両方にありますが、外宮の神楽殿は内宮に比べると少し小ぶりです。受付は毎日朝八時半から午後四時まで。御神札、お守り、御朱印《ごしゅいん》も授与所で受けられます。

御池《みいけ》

外宮の森の自然に触れる

御正宮の前に広がる御池には、大きな緋鯉が泳ぎ、水鳥の姿も見られます。よく見ると亀の姿も。この池は外宮を突き抜けて流れていた宮川の支流、豊川《とよかわ》の名残り。昔の人はここで手を清めて参拝したそうです。

江戸時代の地震などで埋まり、現在のような細長い池となりました。木漏れ日が水面にきらめき、秋になるとひときわ水が澄んできれいです。

神宮通の外宮参拝ポイント

神馬《しんめ》と御厩《みうまや》

裏参道にある御厩では、皇室から牽進された神馬が飼育されています。神馬牽参（しんめけんざん）といって、毎月、1、11、21日に、菊花紋章の衣装をつけ、神職につきそわれて、御正宮にお参りします。

朝の参拝

神域の朝の空気は格別。参道に木漏れ日が差し、小鳥がさえずる中、参道の玉砂利が白く輝いているよう。外宮は30分ほどで歩ける広さなので、地元の外宮ファンの中には朝お参りするとリフレッシュできるという人も。

表参道、裏参道

外宮には表参道と北御門参道があります。北御門参道は裏参道と呼ばれていますが、明治時代に伊勢市駅ができる前は、こちらが表参道でした。徒歩でお伊勢参りをしていた時代には、宮川に近い北御門から神域に入る人が多かったそうです。

衛士《えし》

神宮では、警備にあたる人を「衛士」と呼びます。表参道口の左側にある衛士表見張所には衛士が常駐しているので、わからないことがあればこちらで尋ねましょう。こちらに内宮・外宮の案内マップも置いてあります。

御正宮《ごしょうぐう》

衣食住の神に
感謝を捧げましょう

御正宮は板垣で囲われ、ひときわ太い杉の古木が御正宮を守るように生えています。板垣南御門を会釈してくぐり、御神前へ。板垣《いたがき》、外玉垣《とのたまがき》、内玉垣《うちたまがき》、瑞垣《みずがき》と呼ばれる四重の御垣が巡らされ、もっとも清浄な内院に、豊受大御神が祀られている御正殿があります。一般の参拝が許されるのは、外から二番目の外玉垣南御門の前までです。門には白絹の御幌《みとばり》が垂れ、厳かな気配が感じられます。

豊受大御神は衣食住をはじめ、すべての産業の守り神。私たちの生活すべてを支えてくださる神様です。御正宮では、日頃の感謝を捧げ、個人的なことよりも、自分と関わりのある産業や会社、地域の繁栄などを祈るとよいでしょう。左手には宿衛屋《しゅくえいや》があり、神職が日中はもちろん、夜通し交替で大御神にお仕えしています。

参拝のマナー
お賽銭を静かに入れ、二拝二拍手一拝で御挨拶し、祈りを込めます。御正宮では携帯を切り、静粛に。大きな声を出すなど他の参拝者の迷惑になる行為は慎みたいもの。長くお祈りしたい場合は、正面を避けて脇に寄りましょう。御正宮は撮影禁止です。

別宮《べつぐう》へ詣でる

多賀宮に続く石段。ここを登りきった左側に、寝地蔵の石がある。

多賀宮《たかのみや》

現実的なパワーの強い、第一の別宮

九十八段の石段を昇り、多賀宮へ。外宮第一の別宮で、祭典も御正宮に引き続いて行なわれ、天皇陛下から遣わされた勅使《ちょくし》が幣帛《へいはく》という捧げものを奉納します。高台に祀られていることから、多賀宮と書いて「たかのみや」。明治以前は高宮と書くことが多かったようです。

豊受大御神の荒御魂《あらみたま》をお祀りしています。荒御魂とは行動的な神格を表し、おだやかな側面の和御魂《にぎみたま》に対比しています。そのため、現実的な後押しをしてくださる力の強い神様と崇められています。また、他の別宮には鳥居があるのですが、このお宮には鳥居がありません。御正宮とつながっているからとも言われますが、理由は明らかではないようです。

御正宮をお参りしたら、ぜひ別宮にもお参りを。別宮とは正宮に次ぐ特別なお宮のこと。

外宮には宮域内に三所、宮域外に一所の別宮があります。

祀られている神様や由緒を知ることで、親しみをもってお参りすることができるでしょう。

第一別宮である多賀宮。祭典も御正宮に引き続き行われる。

外宮の石の不思議

地蔵石

多賀宮前の参道の隅に、ひとつだけ飛び出た石が、お地蔵さんに見えることから、寝地蔵さん、地蔵石などと親しまれています。

亀石

御池の中堤にかかる大きな石の橋。亀の姿に似ているから亀石と呼ばれ、天岩戸と伝わる高倉山古墳の入口にあった岩であるとも言われます。

三つ石

御池の前、三つの石が囲われている場所で、俗に三つ石と呼ばれています。遷宮のお祭りの際にお祓いが行われます。

土宮《つちのみや》

古くからの土地の守り神

御池の真向かいの杉木立の中に、別宮の土宮が鎮座しています。外宮一帯の土地の守り神であり、大土《おおつちの》御《み》祖神《おやのかみ》をお祀りしています。この地が宮川の氾濫におびやかされた平安時代末期、末社から別宮に昇格され、宮川堤防の守護神として信仰されました。

土宮の社殿は、他の別宮が真南を向いているのに対し、珍しく東向きに建てられています。その理由ははっきりわかっておらず、南向きに変えてはどうかとの議論も出ましたが、古来の形式を尊重しようということで東向きのままにされてきました。また、社殿前は式年遷宮の行事のひとつ、御船代祭《みふなしろさい》の祭場にもなります。

風宮《かぜのみや》

農作業に大切な風雨の順調が祈られて

風宮《かぜのみや》は、風の神、級長津彦命《しなつひこのみこと》、級長戸辺命《しなとべのみこと》をお祀りしています。農業に関わりが深く、風雨の順調を司る神様です。稲を中心とする農作物が無事に生育するようにと祈りが捧げられてきました。

伊勢の枕詞は「神風の」ですが、鎌倉時代の「元寇」（蒙古来襲）の際、二度にわたって神風を吹かせて、国難を救ったのが、この風宮と内宮の風日祈宮《かざひのみのみや》と伝わっています。その功績により末社から別宮に昇格しました。

また、昭和三十四年の伊勢湾台風では、風宮のみ大木が倒れて屋根が折れました。当時の人々は、自ら被害を引き受けて、神宮を守られたのではと語り合ったそうです。

外宮の森を歩く

上御井《かみのみいの》神社と下御井《しものみいの》神社

天からの水を移したと伝わる御井

土宮の奥に下御井神社、御正宮の西方の森の奥に上御井神社が鎮座し、高天原《たかまがはら》の天の忍穂井《おしほい》から種水をいただいたと伝わる御井が守られています。上御井神社の御井から、毎朝、大御神にお供えするお水を、浄衣を着けた神職が手桶に汲みます。お正月に汲まれる若水もこちらから。大干ばつにも涸れたことがありませんが、万一の時には下御井神社のお水が用いられます。上御井神社への一般の参拝はできません。

新御敷地《しんみしきち》

新しいお宮が造営される

御正宮に向かって左手には、次の式年遷宮で新たな御正宮が建つ新御敷地があります。式年遷宮とは二十年に一度、お宮を新たに建て替え、神様にお遷りいただく神宮最大のお祭り。平成二十五年の第六十二回式年遷宮に向けて、様々な遷宮行事が進められています。中央にもっとも神聖な心御柱《しんのみはしら》を納める覆屋《おおいや》があります。平成五年まではこちらに御正宮が建てられていました。

忌火屋殿《いみびやでん》と御饌殿《みけでん》

外宮ならではの神々の食堂

日別朝夕大御饌祭《ひごとあさゆうおおみけさい》という朝夕のお食事を神にお供えするお祭りをはじめ、外宮のお祭りでお供えするお食事を調理するのが忌火屋殿。早朝、神職が忌火《いみび》(清浄な火)をおこし、調理が始まります。

そして、天照大御神はじめ神々にお食事を供えるのが御饌殿。豊受大御神が食を司る神であることを表す、外宮ならではの御殿です。板校倉《いたあぜくら》造りという古代の穀倉の建築様式をとどめています。

御正宮と別宮を参拝した後、時間があれば少し外宮の森を歩いてみましょう。

所管社である下御井神社を詣で、北御門参道に入ると森の香りが気持ちよく、とても癒されます。

御厩に神馬がいるときもあり、幸せな気分になれます。

別宮遙拝所《ようはい》

遙拝とは、神様のいらっしゃる方角に向かって拝むこと。別宮をお参りする時間がない時は、御正宮参拝後、ここで拝礼し、別宮の神々に御挨拶します。

四至神

中央に1本の榊が植えられた小さな石の祭壇に、四至神という外宮の四方の周りを守る神が祀られています。お祭りの時には神饌(しんせん)などがお供えされます。

五丈殿、九丈殿

神楽殿の近くにある板葺き、切妻造りの建物が五丈殿、九丈殿。雨天の時にここでお祓いが行なわれ、外宮の摂社、末社の遥祀(ようし)にも用いられます。

限りなくシンプルな美しさ

唯一神明造り《ゆいいつしんめい》とは?

神宮の社殿は、総檜の素木《しらき》造り。直線を主体にし、錺《かざ》り金物以外ほとんど装飾のない簡素な建築です。弥生時代の高床式の穀倉を原型とし、出雲大社の大社造りとともに、日本古来の建築様式を伝えています。他の神明造りと異なる独自の様式を持っていることから、唯一神明造りと言います。具体的な特徴は、柱は直接地中に埋め建てる掘立式《ほったてしき》で、切妻造りの平入り、屋根は萱葺きで、両妻を太い棟持柱が支えています。また、屋根の両妻にある破風《はふ》が延びて、屋根を貫き、千木《ちぎ》となっています。屋根の上には鰹木《かつおぎ》が内宮では10本置き並べられ、重しのような役割をしています。世界に初めて神宮の美しさを紹介したドイツの建築家ブルーノ・タウトは、「伊勢は世界の建築の王座」「この建築は、おそらく天から降ったものだろう」と讃えました。

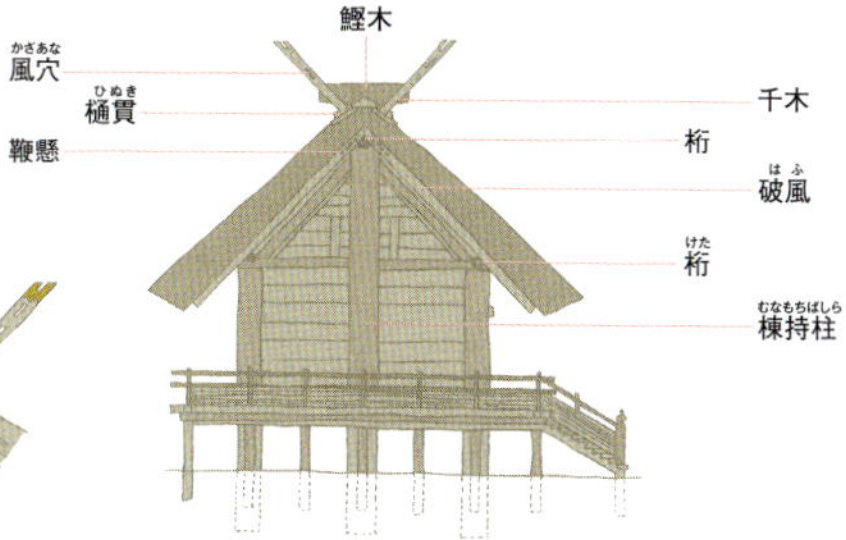

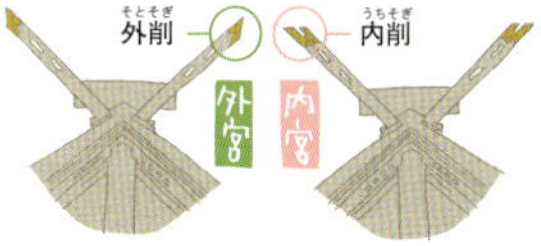

内宮と外宮の違い

鰹木の数が、内宮は10本で、外宮は9本と外宮のほうが1本少なくなっています。また、屋根を飾る千木は、内宮が内削ぎといい、切り口が水平に、外宮が外削ぎといい、切り口が垂直になっています。

外宮から歩いて五分の別宮へ

月夜見宮《つきよみのみや》

大楠が生い茂る、清らかなお宮

外宮の北御門口から北へ一直線に伸びる神路通りを歩いて五分ほどのところに、月夜見宮があります。外宮でただ一所、宮域外にある別宮です。三方を堀に囲まれ、楠、ケヤキや杉など樹林に覆われたお宮は、伊勢市街の中心にあるとは思えない静けさが保たれています。

御祭神には、天照大御神の弟神で、内宮別宮の月讀宮《つきよみのみや》に祀られている月讀尊《つきよみのみこと》と同じ神をお祀りしていますが、こちらのお宮では月夜見尊の文字をあてます。月夜見尊荒御魂とともにひとつの御殿にお祀りされています。古くから農業にゆかりの深いお宮とされてきました。月の神様ですから、女性にも親しみやすいお宮でしょう。

お宮の右手には大楠があり、手を合わせて祈る人の姿も見られます。月夜見宮でも、御神札や御朱印

をいただくことができます。

なお、外宮と月夜見宮を結ぶ神路通りは、かつて神の行き交う道とされ、不浄の者はその中央を通ることを遠慮したといわれます。通り沿いには、切妻造りの古い民家が立ち並んでいます。神宮の御正殿が平入りで同じにするのはおそれ多いため、伊勢の家々には切妻造りが多いともいわれます。また、「笑門」などと書かれた伊勢独特のしめ飾りを一年中、門口に見ることができるでしょう。

月夜見宮

三重県伊勢市宮後1
アクセス:外宮の北御門口から徒歩5分。または、JR・近鉄伊勢市駅から徒歩5分。
参拝時間は外宮と同様(P44参照)

おすすめ参拝コース

第一鳥居をくぐり、表参道を直進すると右側に御正宮があります。御正宮のあとに多賀宮、土宮、風宮の別宮をゆっくり参拝するには約四十五分～一時間は必要です。御神楽を受けるにはさらに約四十分必要です。

火除橋
火除橋の先は神域となります。気持ちのスイッチを入れ替えましょう。

お手水
手水舎でお手水をします。禊の簡略化なので心身を清めるようなイメージで。

参道
鳥居で軽く一礼し、第一鳥居、第二鳥居をくぐります。左側通行です。

御正宮
お賽銭を静かに入れ、二拝二拍手一拝。長くお祈りしたい場合は、正面を避けて脇に寄りましょう。

多賀宮
第一別宮から別宮を参拝します。多賀宮は豊受大御神の荒御魂（あらみたま）をお祀りしています。

土宮
外宮一帯の土地の守り神で、大土御祖神（おおつちみおやのかみ）をお祀りしています。

風宮
風の神様である、級長津彦命（しなつひこのみこと）と級長戸辺命（しなとべのみこと）をお祀りしています。

神楽殿
御神楽をあげたり、御祈祷する方は神楽殿に。御神札やお守りをお受けするのもいいでしょう。

豊受大神宮（外宮）

☎0596-24-1111（神宮司庁）　三重県伊勢市豊川町279
1・2月は5:00～17:30　3・4・9・10月は5:00～18:00　5・6・7・8月は4:00～19:00　11・12月は5:00～17:00

神宮をもっと深く知るためのキーワード

心御柱《しんのみはしら》

御正宮中心の床下に奉建され、見ることも、語ることもはばかられるほど神聖な御柱。忌柱（いみはしら）ともいう。20年ごとの式年遷宮に向けての諸祭のひとつが、心御柱をお祭りする木本祭で、秘儀とされている。

太一《たいち》

伊雑宮（いざわのみや）の御田植式（P74参照）の大団扇や、式年遷宮の御木曳の際に旗や御用材などに見られる「太一」の文字。古代中国で宇宙の根源を表し、北極星の神名。天照大御神とも同じ意味で用いられる。

八咫鏡《やたのかがみ》

内宮の御神体。神話によれば、天照大御神が、孫神のニニギノミコトが地上に天降る際に、「この鏡を私と思って祀りなさい」と手渡したと伝わる。当初宮中に祀られていたが、のちに伊勢の内宮に祀られた。

荒御魂《あらみたま》

神の穏やかで平和なお姿を和御魂（にぎみたま）というのに対し、行動的で力強い働きを荒御魂という。天照大御神の荒御魂を内宮の荒祭宮（あらまつりのみや）に、豊受大御神の荒御魂を外宮の多賀宮にお祀りしており、ともに御正宮に次ぐ第一の別宮である。

三節祭《さんせつさい》と五大祭

神嘗祭、6月・12月の月次祭を三節祭という。この三節祭に祈年祭と新嘗祭を加えて、五大祭と呼ぶこともある。祈年祭、月次祭、神嘗祭、新嘗祭（にいなめさい）には皇室から幣帛（へいはく）がお供えされ、月次祭を除くお祭りには勅使が遣わされる。

大宮司《だいぐうじ》

神宮の神職・職員は600名以上。そのトップが大宮司で、少宮司、禰宜（ねぎ）、権禰宜（ごんねぎ）、宮掌（くじょう）と続く。他の神社では宮司がその神社の代表で、大宮司は神宮だけにある位。祭主を補佐して祭典に奉仕し、職員や事務の統括にあたる。

斎王《さいおう》

古代から南北朝時代まで、天皇のかわりに未婚の皇族女性が「斎王（斎内親王）」として、神宮の祭祀を行なっていた。斎王は神宮近くの斎宮に住み、その斎宮跡が今も残る。現在は、皇族もしくは元皇族の女性が「祭主」として神宮の祭祀を司る。

神宮暦

明治時代から神宮で毎年発行されている暦で、かつて神宮案内をとりしきっていた伊勢の御師（おんし）が土産として持参した「伊勢暦」に由来。日本で初めて太陽暦を採用し、昔は神宮暦のみが正暦といって、唯一のカレンダーだった。

私幣禁断《しへいきんだん》

神宮の祭儀を主宰するのは天皇であることから、天皇以外のお供えは私幣禁断といって、許されなかった。そのため今も内宮・外宮の御正宮には賽銭箱がなく、白い布で覆われた場所にお賽銭を入れる。

勅使《ちょくし》

天皇陛下の代理として遣わされるのが勅使で、神嘗祭など大祭の時に、幣帛（へいはく）という神への捧げものを御神前にお供えする。この儀式を奉幣の儀という。幣帛には五色の絹布（あしぎぬ）、錦、木綿、麻などが選ばれる。

忌火《いみび》

「清浄な火」の意味。神宮では毎日、火きり具を使った、古来の方法で火がおこされ、神々に供えるお食事が調理される。「忌」は、清らかなものにつけられる言葉で、人が触れるのを「慎む」意味がこめられている。

御杣山《みそまやま》

20年ごとに神殿を建て替える式年遷宮のため、御用材の檜を伐りだす山のこと。1回の遷宮で檜が1万本以上も必要で、江戸時代以降、木曽山から伐り出しているが、かつて御杣山であった神路山・高倉山でも檜の植林が行なわれている。

皇大神宮（内宮）

平成二十一年に架け替えられた新しい宇治橋を渡り、
気持ちの準備をしながら、長い参道をゆったりと歩きます。
御正宮への石段を昇り、御神前で心からの感謝を捧げるために。

御裳濯川《みもすそがわ》を越えて

内宮への参拝は、五十《い》鈴川《すずがわ》に架かる宇治橋から。「心のふるさと」とうたわれた風景は古来変わることなく、参拝する人の心を癒してきました。どこか懐かしい、と同時に、広大な敷地以上のスケールの大きさが感じられるお宮です。

神宮百二十五社の中心で、正式名は皇大神宮《こうたいじんぐう》です。御祭神は万物を育む太陽にもたとえられる、天照大御神《あまてらすおおみかみ》。もとは宮中にお祀りされていましたが、新たな御鎮座地を求めて日本各地を巡った末、およそ二千年前に五十鈴川の川上に鎮座されたと伝わります。

せせらぎが「いすす、いすす」と聞こえることからその名がついたともいう五十鈴川。天照大御神を伊勢の地に案内した皇女、倭姫命《やまとひめのみこと》が御裳《みも》の裾を濯がれたとの言い伝えから、御裳濯川《みもすそがわ》の名もあります。水の流れは清らかで、川面に反射する無数の光も神の姿に思えます。

朝一番に参拝し、内宮で日の出を拝むのもいいでしょう。冬至には宇治橋大鳥居の真ん中から朝日が昇るという神々しい風景を目にすることもできます。

平成二十一年に架け替えられた宇治橋は檜の香りが清々しく、大鳥居の向こうに神路《かみじ》山、島路《しまじ》山が見え、神宮の宮域の広さ、自然の豊かさを感じさせます。

心の準備を整え、御正宮へ

ちなみに、お伊勢参りを意味する「参宮」は春の季語。神宮はいつ訪れてもすばらしいですが、ベストシーズンは春ということでしょうか。春には宇治橋に寄り添うように桜が開花し、彩りを添えます。

宇治橋を渡ると表参道です。玉砂利《たまじゃり》を踏みしめ、第一鳥居、第二鳥居をくぐり、御正宮へと向かいます。参道が長いのは御神前に向かう心の準備を整えるため。内宮では参道の右側を、外宮では左側を歩きますが、御正宮の位置は内宮が左側、外宮は右側と歩く側とは反対側にあります。あえて遠回りして御正宮に向かうことによって、神への敬虔な気持ちを表しているともいわれます。

月次祭にて。別宮、荒祭宮に参進する大宮司と神職たち。

早朝の忌火屋殿。煙が立ちのぼっている。

内宮には大きな手水舎《てみずしゃ》もありますが、天候がよければ、ぜひ五十鈴川の御手洗場《みたらし》でお手水を。岸辺をふちどる緑の美しさは格別。紅葉の時期にはあでやかに色づき、参拝者の感嘆を誘います。

御正宮《ごしょうぐう》は石段を昇った高台にあり、天照大御神が祀られている御正殿《ごしょうでん》が五重の御垣《みかき》に囲まれて鎮座しています。お参りは白い絹の御幌《みとばり》のかけられた外玉垣《とのたまがき》南御門の前で。御神前で手を合わせると、神の気が凝縮した場所だからでしょうか、ああ、ありがたいな、という気持ちが自然と湧き起こってくるかもしれません。

森の中にたたずむ総檜造りの簡素な社殿は、太古からそこにあるように思えますが、実は二十年に一度建て替えられます。平成二十五年には現在の敷地の隣に新しいお宮が建ち、御神体が遷されます。

空と紅葉を美しく映す御池の水面。

神域では感覚をとぎ澄ませて

宮域内には荒祭宮《あらまつりのみや》、風日祈宮《かざひのみのみや》という別宮《べつぐう》があります。こちらにもぜひお参りを。風日祈宮周辺は風景が美しく、歩いているだけで癒される感じがします。

日々おつとめしている神職の方は、「内宮は広いですが、森の中の参道を歩いていると、徐々に感覚がとぎすまされてきて、元気になります」とおっしゃっていました。また、神宮では榊と御塩でお祓いをしますが、せせらぎや風が梢を揺らす音など神域の様々な音に耳を澄ますこともお祓いになると教えていただきました。

お参りしたあと、神楽殿《かぐらでん》で御神楽《おかぐら》をあげるのもいいでしょう。参拝をして澄みきった心に、優美な雅楽《ががく》の音色や祝詞《のりと》が清々しく響き、神への祈りも通じやすくなるのではないでしょうか。

皇大神宮（内宮）へ詣でる

宇治橋

真新しい檜の香りが清々しい

俗界から聖界への掛け橋と言われる宇治橋は、総檜造り、長さ百一・八メートルの大橋。式年遷宮の行事のひとつとして二十年に一度架け替えられ、平成二十一年に新しい橋になりました。一年で六百万人以上もの参拝者を支えています。また、二つの大鳥居にはそれぞれ内宮・外宮の旧御正殿の棟持柱《むなもちばしら》の古材を使用。冬至の日には大鳥居の真ん中から朝日が昇る神々しい風景を拝めます。

饗土橋姫神社《あえどはしひめじんじゃ》

宇治橋の守り神

宇治橋の正面に鎮座する内宮の所管社で、宇治橋の守り神。饗土《あえど》とは、内宮の宮域四方の境に悪しきものが入ってこないよう防ぎお祀りする場所のこと。宇治橋架け替えの際には、当神社の前で渡始式の祭典が行なわれました。宇治橋欄干の上には十六基の擬宝珠《ぎぼし》が据えられていますが、下流側二番目の擬宝珠の中には当神社で祈祷された万度麻《まんどぬさ》という神札の一種が納められています。

神宮通の宇治橋ポイント

朝の参拝

早朝は、参拝者も少なく、参道に木漏れ日が斜めにさしてきて荘厳そのもの。5～8月は午前4時から、それ以外の時期は午前5時からお参りができます。

木除け杭

五十鈴川の中に等間隔に木の杭が打たれていますが、台風などによる流木が宇治橋の橋脚に直接当たらないようにという、橋を守るための昔ながらの知恵です。

下乗札《げじょうふだ》

宇治橋鳥居前の「下乗」の立て札。ここで乗り物を降りて、歩いて参入するという意味です。昔はここで馬を降りたので「下馬（げば）」と書かれていました。

参宮案内所

宇治橋鳥居のそばにある案内所で、内宮・外宮の案内が表裏になったイラストマップをもらうと便利。御祈祷の案内パンフなども置いてあります。

宇治橋を渡り、神域へ。五十鈴川と神路山の織り成す絶景を眺めつつ、広い神苑の玉砂利を
踏みしめながら進むと、内宮の森が徐々に深くなっていきます。天に届くような杉の大木に圧倒され、
人間の小ささを感じたとき、心の底から自然と感謝が湧き出してくるでしょう。

太陽の復活の日でもある冬至の日、宇治橋鳥居から、神の光が昇る。

神苑

松の緑が目に鮮やか

宇治橋を渡ると、右手に玉砂利を敷き詰めた参道が伸び、緑豊かな神苑が広がっています。芝の上に松を植えるという珍しい和洋折衷の形式です。

明治時代の中頃まで、このあたりは民家が立ち並んでいたそうです。その後、神苑として整備されて、風景が大きく様変わりしました。火除橋の手前に、大正天皇が皇太子の時にお手植えされた記念樹の松があります。

五十鈴川御手洗場《いすずがわみたらし》

澄んだ流れに心洗われる

第一鳥居をくぐり、右手に降りていくと、五十鈴川の御手洗場。徳川綱吉の生母、桂昌院《けいしょういん》が寄進したと伝わる石畳が敷き詰められています。昔から、この川の水で手を清めてから参拝するのが本来の作法。雨で濁ってもすぐにもとの清流に戻るといわれる五十鈴川のせせらぎに耳を澄ませ、清らかな水に手をひたして、心身を清めましょう。錦鯉も気持ち良さそうに泳いでいます。

第一鳥居（一の鳥居）

神域の正式な入口にあたる第一鳥居。軽く会釈をしてくぐりましょう。神宮の鳥居は檜造りの神明鳥居です。なお、宇治橋の２つの大鳥居は第一、第二鳥居とは呼ばないのです。

祓所《はらえど》

五十鈴川東岸、第一鳥居をくぐると右側、綱で囲いをした石原が祓所。大祭の行われる前月の末日には大祓が行なわれ、大宮司以下の神職、楽師を祓い清めます。

手水舎

昔は海や川で禊をしてからお参りしていたのを簡略化したのが手水です。内宮は右側通行なので、参道の右側に手水舎があります。お参りする前にこちらで手と口を清めましょう。

内宮神苑の紅葉。紅葉が美しく映えていた。

御饌殿

神楽殿の隣にあり、御饌という、御神楽よりも少し簡略化された御祈祷を行なう御殿。神様にお食事をお供えして祈願します。(外宮の御饌殿とは役割が違います)。

神楽殿

舞楽を奉納して、神に御祈願をする御神楽を執り行う御殿（受付は8:30より)。神楽の内容は外宮の神楽殿と同じ。お守りや御神札の授与、御朱印の受付もこちらで。

斎館と行在所《あんざいしょ》

神職がお祭りの際に参籠(さんろう)をするのが斎館。ここでは4本足の動物は食べない決まりです。行在所は、天皇陛下をはじめ、皇族の方々が参拝される時にお入りになります。

籾種石《もみだねいし》

天明の飢饉の年、内宮の石垣の修繕のために村人たちが御奉仕で運んだ石。来年の種籾まで食べ尽くして石を運んだから、石がお米の姿になったとの伝説が語り継がれています。

第二鳥居

第二鳥居の先はより神聖な領域。外宮と同様、幣帛(へいはく)という捧げものの祓い清めがこちらで行われ、皇族の御参拝の際はこちらでお車を降りられ、お祓いがなされます。

五丈殿

神楽殿の東に隣接する大屋根の建物は、その正面の幅から五丈殿といいます。雨天の際にこの大屋根の下でお祓いやお祭り、舞楽の奉奏などが行なわれます。

御《み》贄《にえ》調舎《ちょうしゃ》

御正宮の御前で鰒《あわび》が調理される

御正宮に向かう石段の下に建つ、切妻造り、板葺きの建物。内宮のお祭りの際に、外宮の神、豊受大御神をお招きして、御正宮の御前で鰒を調理する儀式が行なわれます。石神を祀る石畳は豊受大御神の御神座です。見過ごしてしまいそうな小さな建物ですが、豊受大御神が天照大御神のお食事を司る神として伊勢に招かれたことを象徴するような場所です。

内宮参道に、日が射している。風のない朝、運が良ければこのような光景に出会えるだろう。

御正宮《ごしょうぐう》

ただ、感謝を捧げたい

巨木に覆われた三十段あまりの石段を登り、御正宮へ。石段の大石は群馬産の三波石《さんばせき》。雨に濡れると緑色に輝きます。板垣南御門を一礼してくぐると、一段と清浄な気配を感じるでしょう。天照大御神を祀る御正殿はもっとも清浄な聖域である内院にあり、板垣、外玉垣《とのたまがき》、内玉垣、蕃垣、瑞垣《みずがき》と五重の御垣に大切に守られています。一般の参拝は、外から二つ目の門に当たる外玉垣南御門の前まで。

御祭神は天照坐皇大御神《あまてらしますすめおおみかみ》。皇室の御祖神《みおやがみ》で、日本国民の総氏神です。御正宮では個人的なお願いごとをするより、感謝の気持ちを捧げるだけでよいでしょう。

唯一神明造りの社殿は、茅葺きの屋根に十本の鰹木《かつおぎ》が乗せられ、千木《ちぎ》の先端は水平に切られています。二十年に一度建て替えられ、古来変わらない姿を甦らせます。

参拝のマナー

お賽銭を静かに入れ、二拝二拍手一拝で御挨拶し、祈りを込めます。御正宮では携帯を切り、静粛に。大きな声を出すなど他の参拝者の迷惑になる行為は慎みたいもの。長くお祈りしたい場合は、正面を避けて脇に寄りましょう。御正宮は撮影禁止。写真撮影が許可されているのは石段の下までです。

別宮《べつぐう》へ詣でる

内宮には、宮域内に荒祭宮《あらまつりのみや》、風日祈宮《かざひのみのみや》の2つの別宮があります。御止宮をお参りしたあと、別宮もぜひお参りしましょう。別宮とは御正宮に次ぐ格式の高いお宮のことです。

強いパワーと神の森の美しさを感じたい

荒祭宮《あらまつりのみや》

御正宮から新御敷地の前を通り、石段を降りて、荒祭宮へ。社殿のそばに巨木が立ち、凛とした空気に包まれています。御正宮に準ずる第一の別宮で、お祭りも御正宮に次いで行われる重要なお宮です。天照大御神の荒御魂《あらみたま》をお祀りしています。荒御魂とは行動的な神格を表し、おだやかな側面を表す和御魂《にぎみたま》に対比しています。御正宮では感謝を捧げ、個人的なお願いごとはこちらでするとよいでしょう。地元の人の信仰も篤いお宮で、強いパワーを感じるという人も多く、熱心にお参りする人が絶えません。

また、緑が特に美しい場所で、かつてここに川が流れており、地形が変わっても水や空気の流れを山が覚えているのか、大雨がふったりすると、山から水が伏流水となって流れ、風が五十鈴川のほうへ流れていきます。毎年、ウグイスの初音が聞かれるのもこのあたりです。

内宮御正宮と荒祭宮のみで行なわれるお祭りが「神御衣祭《かんみそさい》」です。天照大御神に絹や麻の反物をお供えするお祭りで、神嘗祭と並んで古く由緒があります。年に二回、五月と十月の十四日に行なわれ、神様の衣替えとも言われています。

また、外宮の第一の別宮、多賀宮と同じく、荒祭宮にも鳥居がありません。

神宮通の荒祭宮参拝ポイント

荒祭宮の杉

荒祭宮の石段の中ほどに杉の大木があります。天明年間に石段を作った時からあった木で、通行に差し障りがあっても伐らずに残され、現在のような大木に育ちました。

別宮(荒祭宮)遥拝所

西の新御敷地の籾種石を少し進むと、注連縄の張られた石畳のある場所が別宮遥拝所。別宮(荒祭宮)にお参りする時間のない人はこちらで拝礼しましょう。

月次祭、荒祭宮での奉幣に奉仕する神職たち。

風日祈宮《かざひのみのみや》

心静かに
お参りできる、
新緑と紅葉の名所

風日祈宮。朝日が森を照らしている。

風日祈宮橋。遷宮の一環として、
宇治橋に続き、この橋も新たに架け替えられた。

　宇治橋を小さくしたような、鳥居のある檜橋、風日祈宮橋《かざひのみのみやはし》を渡り、別宮の風日祈宮へ。橋の下を五十鈴川の支流、島路川が蛇行して流れ、水面をふちどる樹木が瑞々しく、新緑と紅葉の名所となっています。表参道から少し入るため、森の奥に分け入ったように静か。神宮で特に好きな場所が風日祈宮橋のあたりという声もよく聞きます。
　二十年に一度の式年遷宮の行事のひとつとして、宇治橋や火除橋とともに、風日祈宮橋も二十年ご

夜明け前、風日祈宮橋の下を流れる島路川を月光が照らす。

とに新しく架け替えられるきまりで、平成二十二年に新しい橋に生まれ変わりました。

風日祈宮は外宮の風宮と同じく、風の神であり、伊弉諾尊《いざなぎのみこと》の御子神である級長津彦命《しなつひこのみこと》、級長戸辺命《しなとべのみこと》をお祀りしています。清々しい風を感じながら、人生にもよい風が吹くよう、また、悪しきものを吹き祓っていただけるよう、お祈りしましょう。

「風日祈」とは古来、当宮で七月一日から八月末日まで毎日朝夕、風雨の災害のないようにお祈りする神事が行なわれていたことから。昔は日祈内人《ひのみのうちんど》という専門に御奉仕する神職もいました。現在五月十四日と八月四日の二日間に集約された、風日祈祭が行なわれ、両正宮と十四の別宮はじめ百二十五社の神々に祈りが捧げられます。

新御敷地《しんみしきち》

米蔵《こめくら》と金蔵《かねくら》の言い伝えも

御正宮の西側には式年遷宮で新たな御正宮が建てられる御敷地があります。二十年ごとに隣り合う東西の御敷地に建て替えるのですが、地元に伝わる話では、東側が御敷地となる二十年は米蔵といわれ、食料は満ち足りるが経済は停滞し、人が助け合う時代。西側が御敷地となる二十年は金蔵で、経済は発展するといわれます。平成五年～二十四年は米蔵で、平成二十五年からの二十年間は金蔵になります。

御稲御倉《みしねのみくら》

唯一神明造りを間近で拝見

お米の神様である稲魂《いなだま》が祀られ、神宮神田で収穫された御稲《みしね》が一年分、籾の状態で納められています。稲はお祭りの前に精米され、神酒、御餅、御飯《おんいい》に調理されて、神様にお供えされます。こちらでは穀倉を原型とする唯一神明造りの建築を近くで拝見できます。屋根を壁板で支える高床式の倉は、空気の入替えができ、適温を保つため、稲の保存に適しているといわれます。

御酒殿《みさかどの》と由貴御倉《ゆきのみくら》

お神酒やお供えものが納められて

御酒殿神というお酒の神様をお祀りするのが御酒殿。神宮でもっとも重要な年間のお祭りである三節祭（十月の神嘗祭《かんなめさい》と六・十二月の月次祭《つきなみさい》）でお供えする四種神酒、白酒《しろき》、黒酒《くろき》、醴酒《れいしゅ》、清酒が納められます。三節祭の月の一日には御酒殿祭が行なわれ、神酒の醸造の成功と酒造業の繁栄が祈願されます。隣接する由貴御倉は内宮の所管社で、由貴とは「限りなく尊い」という意味です。

四至神《みやのめぐりのかみ》

四至とは宮の四方の意味。内宮の所管社で、内宮の境界を守る神様です。五丈殿のすぐ東に石畳があり、石神が祀られています。

忌火屋殿《いみびやでん》

神様のお食事を調理する場所。外宮の忌火屋殿では毎日お食事が作られますが、内宮では特別なお祭りの時だけ使用します。また、三節祭の時にはお酒を仕込みます。

外幣殿《げへいでん》

御稲御倉に隣接し、古神宝類が納められています。神々に捧げられる御神宝は、式年遷宮により20年に1度新しく作り直されます。唯一神明造りの建物を間近で拝見できます。

御池

御厩のすぐ近くにある御池は野鳥が集まる自然豊かな場所。水面に木立が映え、四季折々の景色を見せてくれます。参拝帰りにひととき立ち寄ってみてはいかがでしょうか？

御厩《みうまや》

内御厩と外御厩では皇室から奉られた神馬が飼育されています。毎月、1、11、21日に御神前での神馬牽参が行なわれます。

参集殿《さんしゅうでん》

参拝者用の無料休憩所。湯茶が準備され、神宮紹介のビデオなどが上映されています。御神札やお守り、朱印帳も購入できます。中庭の能舞台では奉納行事も行なわれます。

大山祇神社《おおやまつみじんじゃ》と子安神社《こやすじんじゃ》

子授け・安産を願う人はお参りを

神路山の入口を守る山の神である、大山祇命《おおやまつみのみこと》を祀る大山祇神社、その娘神、木華開耶姫命《このはなさくやひめのみこと》を祀る子安神社が鎮座しています。ともに内宮の所管社で、子安神社はもと宇治館町の産土の神。名前の書かれた小さな鳥居がお供えされ、安産、子育て、子授け、縁結びの神様として信仰されています。このあたりは奥の山から湧く水のせせらぎが聞こえ、涼しい風を感じます。

内宮の森を歩く

神宮の生きものたち

御正宮、荒祭宮、風日祈宮を参拝したら、風日祈宮橋を渡り、すぐ左の小径に入ってみましょう。この道はまっすぐ行くと五十鈴川の守り神、滝祭神に通じます。川のそばなので風が涼しく、人も少なく、とても落ち着きます。神宮の木の香り、生きものたちの元気な姿を感じられることでしょう。滝祭神に２拝２拍手１拝で参拝したら、もと来た小径をゆっくりと歩き、神楽殿・御神札お守りの授与所方面へ戻りましょう。

早春から、森は鳥たちのさえずりで賑やか。夏、宇治橋から五十鈴川の中を見ると、キラキラッとアユや小魚が平を打ちます。ひらりと舞う蝶、盛夏のセミの声、晩夏から初秋のトンボ、夕刻の虫たちの声。冬にも、鳥たちは元気に飛び回ります。林床では落ち葉の中から採餌する鳥の姿も。そして、人なつっこいコイや鶏たち。そんな彼らに目を向けると、心が和むばかりか、愛おしくてしかたがなくなります。

式年遷宮の山口祭などで、白い鶏が籠に入れられ、お祭りの時にお供えがされますが、これは神様が御覧になって楽しむためのもの。決して生け贄ではありません。祭典後は域内に放たれるため、神宮内で会う白い鶏は、もしかしたらお祭りに参加した鶏なのかもしれません。

毎月１日、11日、21日の朝に神馬が御正宮へお参りする神馬牽参《しんめけんざん》がありますが、人間以外の生きものたちも、それぞれの役割を果たしています。神域の生きものたちは神様のお使いなのです。

右 参集殿前には多くのニワトリたちが集まっています。白い鶏はお祭りに参加した鶏かもしれません。
左 風日祈宮橋から滝祭神に至る内宮の森を歩いてみてはいかがでしょうか？　静かでとても気持ちいいです。

森に囲まれ、自然豊かな神宮。少し目をとめると、そこには鳥たちをはじめ、
愛すべき多くの生きものたちが共存しています。神域に生きる彼らはまさに神様のお使いなのです。

五十鈴川を守る水の神

滝祭神《たきまつりのかみ》

五十鈴川の御手洗場の近くに、見過ごしてしまいそうな小さな祠があります。内宮の所管社で、五十鈴川の川の神、水の守り神とされる滝祭神。地元の人の信仰厚い神様です。

毎年、夏の土用の丑の日と八月一日に、五十鈴川で汲んだお水を滝祭神にお供えし、持ち帰って家の神棚に置いて無病息災を祈る風習があります。身体の調子の悪いところにこのお水をつけたりもするそうです。

もと神宮の神職で、神道文化史の研究家である矢野憲一氏は著書の中で、地元の老人から聞いた話として、滝祭神は「とっつきさん」「とりつぎさん」などと呼ばれていたことを紹介しています。内宮にお参りするときは、とっつきさんに自分の名を告げて、今からお参りするのでよろしくと、とりつぎをしてもらってから御正宮に向かう人もいたそうです。

神宮の森の秘密

古来、斧を入れない神の森。その奥の山では、将来の神殿を造営するための檜が植林されています。世界中の人々が自然環境の大切さに気づくはるか昔から、神宮はエコなシステムを確立していました。

神域のシンボル神宮杉と御用材となる檜

神宮の宮域は約五千五百ヘクタールと広大で、そのほとんどが山です。表参道周辺の神域は天然杉を中心に、榊、欅、椎などが多く、樹木の育生に必要な伐採以外はせず、自然のままの状態が保たれてきました。なお、神宮の老杉は他の杉と区別するために、神宮杉と呼ばれます。

また、神域の周囲の宮域林では、将来の式年遷宮（二十年に一度、お宮を新たに造営し、御神体をお遷しするお祭り）の御用材となる檜も育てられています。

神宮では社殿も鳥居も総檜造りです。檜は丈夫でかつ加工しやすく、檜に含まれる精油が害虫を寄せ付けないなどの特徴があり、古来重宝されてきました。江戸時代以降、式年遷宮の御用材の大半を占めるのが木曽檜で、木目が緻密で色沢・香気がよく、日本産の木材ではもっとも優秀とされます。御神体をお納めする「御樋代木《みひしろぎ》」と呼ばれる器には、木曽檜を使うように定められています。

遷宮の御用材には、樹齢二百〜四百年ほどのものが理想とされ、太さなどから見当をつけて選ばれます。

リサイクルされる御木と森の再生への祈り

二十年ごとの建て替えのために、一回の式年遷宮で使われる檜は一万本以上。もったいないと思う人もいるかもしれませんが、実は木は二十年で役目を終えるのではなく、リサイクルされて、また使われます。

たとえば、内宮・外宮の御正殿の棟持柱《むなもちばしら》は二十年の役目を終えたあと、宇治橋の内と外の大鳥居として二十年、その後も鈴鹿峠のふもとの「関の追分」の鳥居、桑名の「七里の渡し」の鳥居となって二十年、全部で六十年のおつとめを果たします。

御用材を伐採する際にも、山や木の神に対する丁重なお祭りが行なわれます。御杣始祭《みそまはじめさい》という御用材を伐り始めるお祭りでは、切り株のあとに若木をさして、森の再生が祈られます。

おすすめ参拝コース

宇治橋を渡り、神苑を通って五十鈴川の御手洗場にてお手水。長い参道をゆっくりと踏みしめ、御正宮へ。荒祭宮や風日祈宮を参拝するには約一時間半～二時間は必要です。御神楽を受けるにはさらに約四十分必要です。

宇治橋

神域への掛け橋、宇治橋で気持ちを一新しましょう。平成二十一年に新しい橋になりました。

神苑

美しい自然、景色を愛でながらゆっくりと御正宮へ向かいましょう。

五十鈴川御手洗場

清らかな水に手をひたして、心身を清めましょう。手前のお手水舎とどちらかでお手水をします。

御正宮

お賽銭を静かに入れ、二拝二拍手一拝。長くお祈りしたい場合は、正面を避けて脇に寄りましょう。

荒祭宮

御稲御倉の前で一礼し、荒祭宮へ。天照大御神の荒御魂（あらみたま）をお祀りしています。

風日祈宮

神楽殿の前へ戻り、風日祈宮橋を渡って風日祈宮へ。風の神、級長津彦命と級長戸辺命をお祀りしています。

滝祭神

風日祈宮橋を渡って、すぐ左に入ると滝祭神への道です。五十鈴川の川の神、水の神をお祀りしています。

神楽殿

御神楽をあげたり、御饌殿で御祈祷する方は神楽殿に。御神札やお守りをお受けするのもいいでしょう。

皇大神宮（内宮）

☎0596-24-1111（神宮司庁）　三重県伊勢市宇治館町1

1･2月は5:00～17:30　3･4･9･10月は5:00～18:00　5･6･7･8月は4:00～19:00　11･12月は5:00～17:00

内宮の別宮

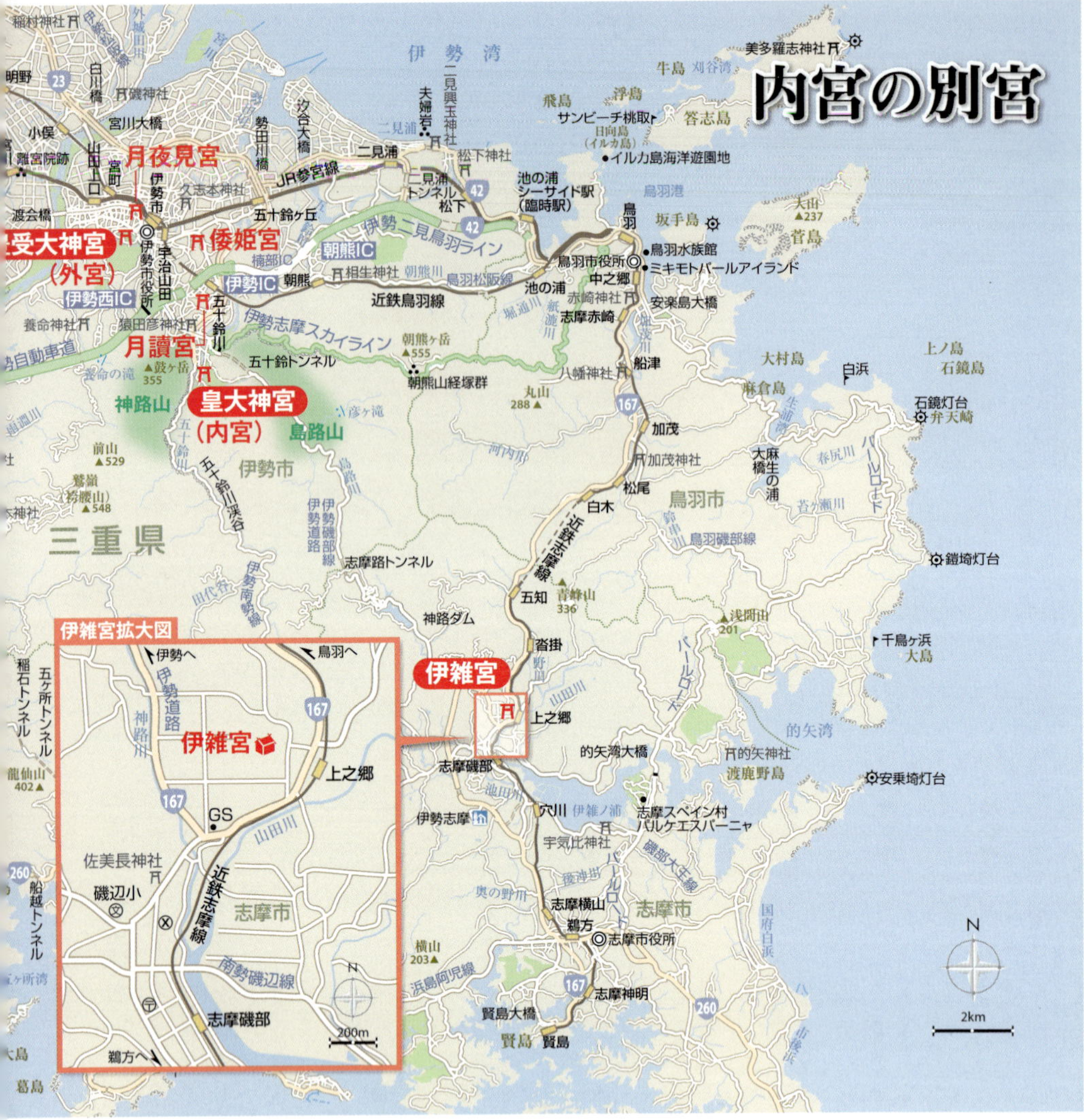

内宮の別宮に参拝する

皇大神宮（内宮）には、十の別宮があります。荒祭宮と風日祈宮は宮域内ですが、月讀宮《つきよみのみや》（月讀宮、月読荒御魂宮《つきよみのあらみたまのみや》、伊佐奈岐宮《いさなぎのみや》、伊佐奈弥宮《いざなみのみや》）、倭姫宮《やまとひめのみや》、伊雑宮《いざわのみや》、瀧原宮《たきはらのみや》（瀧原宮、瀧原竝宮《たきはらならびのみや》）は離れた場所にあります。

特に伊雑宮、瀧原宮は遥宮《とおのみや》と呼ばれ、車でも三十分以上の距離にあるお宮です。順路などはありませんが、内宮参拝の後に一番近い月読宮、または倭姫宮へ向かい、遥宮に向かう方が多いようです。

月讀宮は四宮に四柱の神をお祀りする別宮。心がとっても癒されるお宮です。入口は二つありますが、時間があれば、御幸道路の入口からの参道が美しく印象的です。

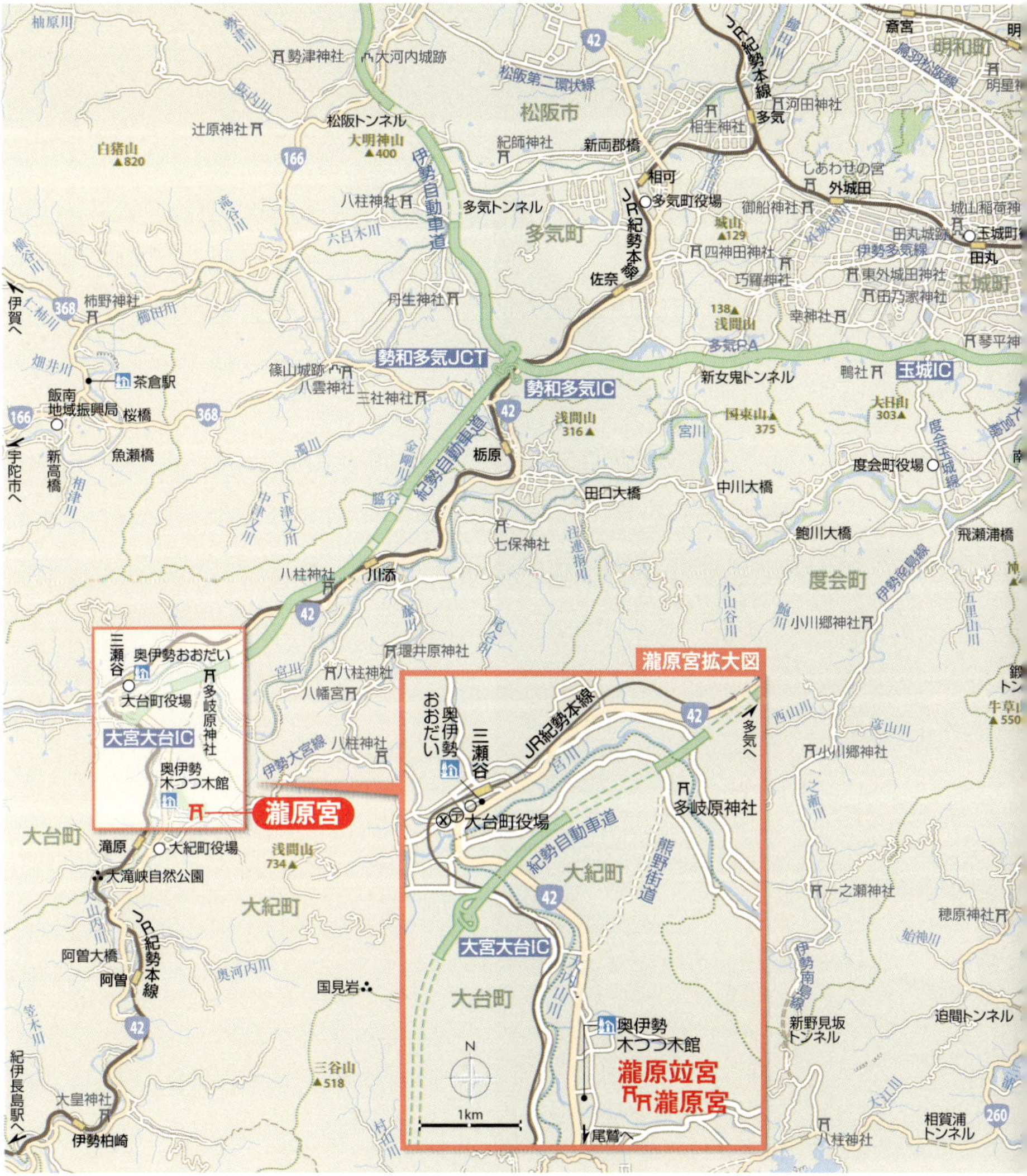

倭姫宮は大正十二年（一九二三）に創建された新しいお宮です。神宮徴古館《じんぐうちょうこかん》、神宮農業館、神宮美術館、神宮文庫など神宮の文化施設が集まる倉田山にあり、神宮のことをもっと深く知ることができます。

伊雑宮は伊勢志摩の海に近くて、のびやかな雰囲気。今も漁師、海女の信仰が厚いというお宮です。六月に行われる御田植式《おたうえしき》も有名です。

瀧原宮は一番遠くにあって、山間地の深い森の中に鎮座する別宮。天までまっすぐにそびえる杉の巨木、美しい谷川の御手洗場など、その豊かな自然に感動します。

それぞれの別宮によって雰囲気が違い、根強いファンがいるのもうなずけます。

内宮の別宮へ参拝

月讀宮《つきよみのみや》

参道が美しい、癒しのお宮

皇大神宮の別宮、月讀宮は内宮からおよそ一・八キロメートル離れた御幸道路沿いにあります。樹木が生い茂る参道は森の奥へと誘いこむようにゆるやかにカーブし、木漏れ日を感じながら歩いているだけで癒されてしまう、そんなお宮です。

深閑とした木立ちの中に、四社殿が立ち並び、東(右)から西(左)へ、②月讀尊荒御魂《つきよみのみことのあらみたま》、①月讀尊《つきよみのみこと》、③伊弉諾尊《いざなぎのみこと》、④伊弉冉尊《いざなみのみこと》の四柱の神をお祀りしています。参拝は①～④の順番で行いましょう。

月讀尊は天照大御神の弟神で、月の神様です。外宮の月夜見尊と御同神ですが、異なる漢字が当てられています。

神話によれば、伊弉諾尊が禊をした時に生まれ、夜の国を支配するようにと命じられました。

写真右より、月読荒御魂宮、月讀宮、伊佐奈岐宮、伊佐奈弥宮の四宮が立ち並ぶ。

なお、「月讀」の漢字は、昔、月の満ち欠けによって農作業の計画を立てていたことに由来し、農業とのかかわりの深さも感じさせます。

日本の神々の親神で、夫婦神である伊弉諾尊・伊弉冉尊には、夫婦円満や縁結びをお願いするのもいいでしょう。

月讀宮でも、御神札や御朱印をいただくことができます。

月讀宮

三重県伊勢市中村町742-1
アクセス：内宮前から外宮内宮循環バスで「中村町」下車徒歩5分、または、内宮前から徒歩20分。近鉄五十鈴川駅から徒歩10分。参拝時間はP67の内宮と同様。
地図P68参照。

倭姫宮《やまとひめのみや》

神宮を創建した皇女、倭姫命《やまとひめのみこと》を訪ねて

皇大神宮別宮の倭姫宮は、内宮と外宮のほぼ中間にある倉田山丘陵に鎮座し、四ヘクタールの広大な森に包まれています。神宮では奈良時代以前に遡るお宮が多い中、大正十二年（一九二三）に創建された新しいお宮ですが、由緒は古代にさかのぼります。

御祭神は、第十一代垂仁《すいにん》天皇の皇女、倭姫命です。かつて、天照大御神は宮中に祀られていましたが、倭姫命が大御神の御杖代《みつえしろ》（神の代わりとなり奉仕する役目）となって新たな御鎮座地を求めて伊賀、近江、美濃など各地を巡った末、大御神の教えにより、伊勢の地に皇大神宮を創建されました。また、倭姫命は神嘗祭をはじめとする神宮の祭祀と運営を確立されたと伝えられています。

このような功績のある倭姫命を

倉田山の中心に位置する倭姫宮。市街地に近いものの、とても静かである。

祀るお宮がないのを残念に思う地元の人の熱意もあり、大正十二年に現在地に祀られました。緑豊かなお宮で、神宮御鎮座二千年の歴史に思いをはせてみるのもいいでしょう。

また、倉田山には神宮徴古館《じんぐうちょうこかん》、農業館、美術館、神宮文庫、皇学館大学など神宮の文化施設が集まっているので、お参りのあと巡ってみるのもおすすめです。

倭姫宮

三重県伊勢市楠部町5
アクセス: 近鉄五十鈴川駅から徒歩10分。JR・近鉄伊勢市駅から三重交通バスで「徴古館前」下車徒歩3分。参拝時間はP67の内宮と同様。地図P68参照

伊雑宮《いざわのみや》

御神田と海女さんの信仰で知られる遙宮《とおのみや》

　志摩の海にほど近い磯部町に鎮座する伊雑宮。古くから、度会郡《わたらいぐん》の瀧原宮《たきはらのみや》とともに神宮の遙宮といわれ、地元の人には「いぞうぐう」と呼ばれ親しまれています。天照《あまてらし》坐皇大御神御魂《ますすめおおみかみのみたま》をお祀りし、皇大神宮の別宮として、祭典などは内宮に准じて奉仕されます。

　創立はおよそ二千年前の第十一代垂仁《すいにん》天皇の御代。皇大神宮御鎮座の後、倭姫命《やまとひめのみこと》が神宮へのお供えの神饌《しんせん》を採る御贄地《みにえどころ》を探して、志摩の国に入ったところ、伊佐波登《いざわと》美命《みのみこと》という神に迎えられ、お宮を建て、天照大御神の御魂《みたま》をお祀りしたと伝えられています。

　志摩の国は古来、海の幸に恵まれた風光明媚な土地であり、神宮や朝廷にも魚介類を納めていました。漁師や海女は伊雑宮で受けた磯守《いそまもり》をつけて海に入る風習があります。

　毎年、六月二十四日には、隣接する神田では、地元の磯部町の人々が奉仕して御田植式《おたうえしき》(御神田《おみた》)が行なわれます。「太一」と書かれた巨大な団扇が登場し、近郷漁村の青年たちが下帯姿になって田に入り、竹を奪い合うという勇壮な竹取神事や、お囃子が奏でられる中、菅笠《すげがさ》をかぶった人々が一列に並んでの御田植えが行なわれます。

　住吉大社、香取神宮とともに、日本三大田植祭の一つに数えられ、国の重要無形民俗文化材に指定されています。

毎年6月24日に伊雑宮の御料田で行われる御田植祭。「磯部の御神田（おみた）」と呼ばれ、日本三大御田植祭の一つ

伊雑宮

三重県志摩市磯部町上之郷374
アクセス．近鉄志摩線上之郷駅から徒歩5分。または、三重交通バスで「川辺」下車徒歩10分。車の場合は、伊勢道伊勢I.Cより県道32経由、磯部方面へ30分。参拝時間はP67の内宮と同様。地図P68参照。

伊雑宮。森に囲まれているが、隣には御料田がある。

瀧原宮《たきはらのみや》

太古の森の、清らかな水の聖地

皇大神宮の別宮で、磯部の伊雑宮《いざわのみや》とともに遙宮《とおのみや》と呼ばれる瀧原宮。宮川の支流、大内山川が渓谷をなす山間に鎮座しています。神宮ファンの間でも人気があるお宮で、繰り返し訪れる人も多いようです。

　鳥居をくぐると、神杉がうっそうと茂り、細い参道が森の中に分け入るように伸びています。聞こえてくるのは、すぐそばを流れる谷川のせせらぎ。やがて、小さな橋の手前を下ると、その谷川の水で手水をする御手洗場《みたらし》があります。

　近年、参道に手水舎もできましたが、瀧原宮では昔ながらの作法で、川の水を手にすくい、手と口を清めてからお参りをします。岩間からも清水が湧き出し、上流に民家がないため水はいつも清らか。樹木が谷川に覆い被さるように茂

瀧原宮。左に瀧原竝宮（たきはらならびのみや）、右に瀧原宮ゆかりの所管社がある。

り、大自然の懐に包み込まれているようなやすらぎを感じます。

再び参道を進むと、左手に御社殿が鎮座しています。白と黒の敷石が整然と敷き詰められ、向かって右に瀧原宮、左に瀧原竝宮《たきはらならびのみや》があり、ともに天照坐皇大御神御魂《あまてらしますすめおおみかみのみたま》をお祀りしています。瀧原宮、瀧原竝宮の順に参拝しましょう。

御鎮座の由来は、第十一代垂仁《すいにん》天皇の皇女、倭姫命《やまとひめのみこと》が、天照大御神の御鎮座地を探し求めてこの地にたどり着き、急流の瀬に困って

瀧原宮

三重県度会郡大紀町滝原872
アクセス：JR紀勢本線滝原駅から徒歩15分。または、松阪駅から南紀特急バスで「瀧原宮前」下車。車の場合は、紀勢自動車道路・大宮大台I.Cから10分（内宮から30分）。参拝時間はP67の内宮と同様。
地図P68参照

いると、土地の神である真奈胡神《まなごのかみ》に助けられました。この神の案内で「大河の瀧原の国」という美しい土地にたどり着き、お宮を建てられたとされています。

瀧原の名の由来も、この地に大小の滝が多かったことから。一般の人は立ち入ることはできませんが、神域の奥にも小さな滝があります。

天照大御神が瀧原宮にお祀りされたのはひとときの間で、のちに御神意により伊勢の内宮に鎮座されました。瀧原宮は内宮と地勢が似ていることから、内宮のひな形とも言われます。

帰りの参道はゆっくり歩いて、神の森の豊かさを感じてみましょう。空高く伸びた杉、清らかな水を含んでつややかな緑苔、神域に遊ぶ蝶や小鳥、ふと鹿が木立から現れることも……。神代の昔が偲ばれる太古の森に、伊勢神宮の懐の深さが感じられるかもしれません。

原始の面影を残す御手洗場。谷川の水を手ですくい、お手水をする。

舞楽・倭舞

神宮司庁提供

御神楽《おかぐら》を奉奏《ほうそう》する

神遊びともいい、古くから神事に用いられてきた歌舞が御神楽。神宮では神楽殿で「御神楽」をあげて、より丁寧な御祈祷を申し込むことができます。

神に舞楽を捧げる

おかげ参りが流行した江戸時代、一生に一度はお伊勢さんにお参りしたいと願った人々の一番の憧れは、御神楽をあげることでした。伝統ある神宮の御神楽は、神宮専属の楽師たちが神楽殿で雅楽と舞いを披露し、神主が祝詞《のりと》という古来の形式で祈願内容を大御神に取り次ぎます。

御殿に響き渡る楽の音は清々しく、楽師たちの洗練された所作、刺繍の施されたあでやかな衣装も美しいものです。神宮独特の倭舞《やまとまい》は、舞女たちが五色の絹をつけた榊の枝をもって優雅に舞います。

なお、神が楽しむと書くように、御神楽は神様に見ていただくもの。そのため舞台の正面が神座で、申し込んだ人は舞を背後から見守る形になります。神楽殿は内宮・外宮にあり、内宮のほうが規模は大きいですが、神楽の内容は同じです。内宮に早朝参拝したあと、御神楽をあげるのもよいでしょう。

舞楽・人長舞

神宮司庁提供

御祈祷の申し込み方（神楽、御饌）

御神楽は本来、大御神への感謝を捧げて、さらなる御加護をお祈りする儀式。「神恩感謝」とともに、「心願成就」「商売繁盛」「家内安全」はじめ様々な御祈願が可能です。

神楽の種別は、御神楽（倭舞）、大々神楽《だいだいかぐら》（倭舞・人長舞）、別大々神楽《べつだいだいかぐら》（倭舞・人長舞・舞楽一曲）、特別大々神楽《とくべつだいだいかぐら》（倭舞・人長舞・舞楽二曲）。御祈祷に要する時間は種別により異なりますが、二十五分～四十分ほどです。

また、御饌《みけ》と呼ばれる、少し簡略化された御祈祷もあります。内宮では神楽殿の隣の御饌殿で、外宮では神楽殿で執り行います。大御神に神饌を捧げて、神主が祝詞をあげ、祈願内容をおとりつぎします。御祈祷の時間は十五分ほどです。

神楽・御饌の申し込みは、内宮・外宮の神楽殿で、祈願内容を所定の用紙に書き、御玉串料《おたまぐし》（初穂料）を添えます。受付は毎日、午前八時三十分から午後四時まで。なお、神楽・御饌は、正式な御祈祷ですから、きちんとした服装でのぞみたいものです。携帯などは必ずオフにしておきましょう。

舞楽・蘭陵王

神宮司庁提供

御神楽の順序

お祓いと祝詞を奏上している間は正座をして頭を下げるのが基本。舞が始まったらゆったりとした気持ちで、神様に感謝を捧げましょう。

1

お祓い

神主によるお祓い。軽く頭を下げて受けましょう。

2

雅楽の演奏とお供え

舞女が御神前に御神札と神饌（お食事）のお供えをします。

3

祝詞奏上《のりとそうじょう》

神主が御神前に祈願の内容をお伝えします。この間深く低頭し、願いを込めます。

4

舞（神楽・舞楽）

御神前の舞台で、楽師や舞女による舞が舞われます。

5

雅楽の演奏、お供えを下げる

舞女が御神札と神饌のお供えを、御神前から下げます。

6

直会《なおらい》

御神前に供えられた御神酒を杯でいただきます。

7

御神札《おふだ》とおさがりの授与

祈願をあげたしるしとして御神札とおさがり（神饌）を受け取ります。

神宮司庁提供

一月十一日御饌《いちがつじゅういちにちみけ》

1月11日、神宮の神々にお食事をお供えするお祭りで、五丈殿にて午後1時より、「東遊《あずまあそび》」という舞楽が奉納される。

神宮司庁提供

春の神楽祭

4月28〜30日頃の3日間、桜の咲く内宮神苑特設舞台にて午前11時・午後2時より神宮舞楽が公開される（雨天の場合は参集殿能舞台、午前のみ）。

神宮司庁提供

秋の神楽祭

9月23〜25日頃の3日間、内宮神苑特設舞台にて、春の神楽祭同様、神宮舞楽が公開される（雨天の場合は参集殿能舞台、午前のみ）。

神宮司庁提供

中秋の観月祭

中秋の日、外宮勾玉池にて午後5時30分より、名月を愛でながら、ぼんぼりの明かりの下、管絃と舞楽の夕べが催される。

公開される神楽

年に何度か、わが国に古くから伝承されてきた神楽が一般公開されます。貴重な機会ですから、ぜひ拝観しましょう。

お祭りの多い伊勢神宮では、神をもてなすための歌舞は欠かせないもの。そのため、楽器、歌、舞と三拍子こなす専任の楽師たちが三十人ほど仕えています。専任の楽師を抱えているのは、宮内庁と伊勢神宮のみです。神宮に伝承している神楽の楽曲には、日本古来の国風歌舞《くにぶりのうたまい》が宮中から神宮に伝わったもの、大陸から伝来したものなど数十種類に及びます。この貴重な神宮の神楽が一般公開される機会もありますので、ぜひ拝観したいもの。「東遊《あずまあそび》」という舞楽が奉納される一月十一日御饌《みけ》をはじめ、春と秋の神楽祭ではあでやかな神宮舞楽が神苑の特設舞台で行われ、多くの拝観者で賑わいます。

第三章

神宮のお祭り

二十年に一度、式年遷宮への道

神宮禰宜
祭儀部長* 兼 営繕部長* 兼 造営部長*
おくにしみちひろ
奥西道浩

御遷宮に向けての準備

式年遷宮に向けて宇治橋、風日祈宮橋の架け替えに御奉仕することができました。じつは宇治橋は宮大工ではなく、船大工が造るんです。板の合わせ目から水が入ると腐りが早くなるので、昔の和船の技術を活かし、きちっと隙間をなくすんです。だから、二十年間に橋の表面は三センチくらいより減ってくるのですが、裏側は本当にきれいなままです。一滴も水が入らないからでしょう。宇治橋は年間五百万人としても、二十年で一億人が渡る橋なので、丈夫でないといけません。

平成二十四年には立柱祭《りっちゅうさい》、上棟祭《じょうとうさい》が行われます。平成二十三年には御本殿の構造材の組み立てがはじまりますので、それまで工程に遅れないように棟梁を中心に、伝統に違えない方法でやっております。構造材は、外宮の近くの山田工作場にて、小工《こだくみ》といわれる大工さんが百人体制でやっています。

御社殿を作るための御用材は、まず水中乾燥させて、引き上げて墨付けをし、製材して乾燥させるのですが、御遷宮には多くの御社殿を造り替えますので、何十万という膨大な部材になります。現場にはビックリするくらいの部材が高く積み上げられているのですが、

祭儀部…年間のお祭りがスムーズに滞りなく進行するように管理する部署。

営繕部…神宮のお社、百二十五社を保守、管理する部署。宮域の清掃や建物の維持管理も行う。

造営部…式年遷宮に向けて、御正宮はじめすべての御殿、垣根や建物を作り替える部署。

立柱祭…式年遷宮のため、新しい御正殿の建築を始めるにあたり、御柱(みはしら)を立て奉る祭儀。

上棟祭…式年遷宮のため、新しい御正殿の棟木を上げる祭儀。

小工《こだくみ》…宮大工のこと。神宮での呼名。

驚くことに小工たちは何がどこにあるかをすべて把握しているんです。棟梁があの部材を持ってこいというだけで、すぐ出て来ます。

御社殿の図面は以前のものが残っているので、前回と同じものを造ればいいのですが、見た目は分からない難しいところもあります。たとえば、御社殿の棟持柱と板の間が少し空いているのですが、梅雨時の湿気のあるときはだんだん膨張して隙間がなくなるようになっているんです。逆に乾燥期になると、また少し空くという作りになっています。このあたりはさすがに宮大工の勘でしょうか。

御装束神宝の場合はもっと大変で、図面を作るところから始めます。刀一本に関しても、刀をうつ人、磨く人、鞘を作る人、鞘に漆を塗る人、金属製の飾りを付ける人、宝石類の飾りを付ける人、たくさんの人が関わっています。それを別々の図面を渡して、最後に十数人そ

御装束神宝…式年遷宮の際に神殿の内外を飾る布や品々など装束と、神様に奉る鏡・刀・機・琴などの御神宝。

御用材は宮大工の手で製材される山田工作場

れぞれが制作したものを合わせるんですが、これがピタッと合うんですよ。緩いところもなく、大きさが合わないこともないんです。

二十年間続く萱の管理

萱葺《かやぶ》き屋根の葺き替えも、長い準備期間が必要です。神宮の中には百ヘクタールの萱山があり、営林部という部署が管理していますが、太くて長くて丈夫な萱は、必要でない時期も刈取らないと春にいい芽が出ないので、管理を怠ると良い萱はできません。

多くのお屋根を葺き替えるためには、直径四十センチの束が二万三千束必要です。だから、御遷宮の五年前から毎年、十二〜三月の間に毎日、萱の刈取りをするのですが、ただ山から採ってくるだけでなく、きれいに仕分けをして、長めに束を作らなければなりません。

萱が短いと、カラスが抜いてしまうからです。萱を抜かれた場所は引出しやすくなり、同じ所ばかり抜かれてしまいます。神様のお住まいは、勝手に屋根に昇って差し込むわけにいかないので、職人の萱を束ねる技術が大事なんです。

御殿が出来て、萱葺きを葺く段階になると、全国から萱工（萱葺き職人）が集まってきます。前回御奉仕した者が若い者を連れてやって来てくれるんです。前回の御奉仕から二十年間経った頃、地元でそろそろ声がかかるだろうと待ってくれているんです。これは嬉しいことです。小工も萱工も、自分が式年遷宮の一翼を担っているという誇りがあります。腕が勝負の世界ですから、専門のことなら誰にも負けないという自負はあるでしょう。

御奉仕に来てくださる人々

神様に御奉仕したいという方は多いです。ダンプカー十台分もの玉砂利を毎年御奉納されている方もいらっしゃいます。鈴鹿の中村保夫さんという方で、もう四十年にもなりますかね。じつは砂利は自然になくなっているんです。補充しても補充してもどこかになくなっていくようです。お参りが増えたせいか、踏みしめて砕けて、粉になっていくんでしょう。

砂利のほかにも木や植物の手入れ、管理の御奉仕に来てくださるのが、日本造園組合連合会（造園連）の方々です。各県ごとの造園連の御奉仕がずっと先まで決まっており、毎年二月になると、二百人くらいの方がいらっしゃって、いっぺんに枝打ちをしたり、肥料をやったり、松に苔がつくのでそれをとったり。内宮、外宮の宮域から徴古館まで広い範囲を分担してやっていただいています。

　また、神宮御園はふだんは神宮の職員が野菜や果物を作っていますが、忙しい時期になると、全国の農家の方が手伝いに来てくれるんです。梨やリンゴの袋がけをやっていただくこともあります。神宮神田のお田植えにも、全国からお田植え奉仕団がおいでいただき、お手伝い頂いている。式年遷宮でいえば、お木曳きもお白石持行事《しらいしもちぎょうじ》もそうです。お祭りになると、八十くらいの奉献団が立ち上がります。

　私たちも参拝者を迎える側として、神域を清らかに保つように心がけています。掃除をする職員たちも日々誇りをもって神様に仕えています。休憩時間に竹箒を使いやすいように作り、乾いた場所を掃く場合、濡れた落葉を掃く場合、石畳の上を掃く場合など、それぞれの用途にあった箒を作り、状況によって使い分けるんです。彼らは箒の棒を持つと、自分の箒かどうかはすぐ分かるそうです。

　ところで、二年前から山田工作場では、屋根に太陽光発電パネルを据え付けています。五百キロワットの発電能力があります。普通の家庭が三キロワットですから、百五十世帯分にもなります。山田工作場内の電力はもちろん、外宮は今建設中の「せんぐう館」をはじめ、神楽殿や斎館まですべてこの電力でまかなっています。神社界も古いことばかりでなく、環境に配慮し、自然保護の面でも貢献しなくてはいけないと思うのです。これだけお日様が照っていますから。

御遷宮の思い出

前回の御遷宮は神楽殿で参拝者のお迎えをしていましたので、私が印象的だったのは昭和48年の御遷宮です。そのときは祭儀部の儀式課におり、出仕という身分で御奉仕しました。御遷宮の年の9月13日、新しい御扉に鍵穴をあけるお祭りがあり、それからずっとお祭りが続きます。御遷宮後に神嘗祭があり、内宮の御神楽が終わるまでの40日間、その間うちで寝たのは2日間だけでした。体力的にはきつかったですが、自分が遷宮の諸祭の一端を担っているという自負がありましたので、不思議とつらさは感じませんでした。

神宮御園…神様にお供えする野菜・果物などを育てる神宮所管の畑。

神宮神田…神様にお供えされるお米を育てる田。

神宮の祭祀

神宮を理解するということは、お祭りを理解すること。
日々、厳かに行われている神宮のお祭りとは一体何なのか?
お祓いの意義とは?　神宮のお祭りについて解説します。

文·辰宮太一
撮影·Kankan
text by Taichi Tatsumiya
photograph by Kankan

神祭りの本義

神宮で年間に行われるお祭りの数をご存知だろうか。なんと千五百回だそう。

普通、神社のお祭りというと、笛や太鼓の音が響き、綿菓子や金魚すくいなどの屋台が出てといった、賑やかなシーンを想像するはずだが、本来の神祭りとはそういうものではない。特に「神宮の祭り」は、大変厳かで、むしろ静かに行われるのだ。

神に奏上される祝詞も、囁くようにかすかな声で奏される。もちろん、笛や太鼓のお囃子などもない。ただただ神様に誠を捧げ、ただただ神様のために奉仕するのだ。

神宮は、悠久の時の中で、人の誠が神を支え、神の威が人を支えてきた尊い場である。それはそれは深く、そしてみずみずしい愛にあふれた祈りの場なのだ。

さて、神とは不可思議なる存在ではなく、いわば大自然の働きである。たとえば天照大御神とは、太陽そのもの。太陽という働き、すなわち天地をあまねく照らし、生命を育み、地球の営みの大元とも言える働きを神格化したのだ。昔も今も、たぶん未来永劫、人は大自然という環境無しに生きることはできない。

若者に、もっとも必要なものは何かとアンケートを取ったところ、一位はケータイになったという。私は一笑に付す気にはなれなかった。言うまでもなく、空気や水など、環境の何が欠けても我々は生きられない。常にある当たり前の物事こそ、もっとも必要なことであるはずだ。

この世でもっとも大切な、必要な存在に対し、全身全霊でもって尊敬し、感謝を捧げ、心を込めて奉仕し、未来の環境を無事に調えていただこうと祈りを捧げるのが、神祭りなのである。そこに不思議

修祓に用いられる祓い幣と御塩。

内宮の月次祭、奉幣の修祓に向け、神職が所定の位置につく。

はない。あるのは必然なのだ。

神宮の祭祀の基本中の基本は、日々に行われる「日別《ひごと》朝夕《あさゆう》大御饌《おおみけ》祭《さい》」である。それは外宮の御饌殿《みけでん》で一日に二度、千五百年間欠かすことなく行われてきたお祭りだ。

祭りに使う火は、昔ながらに木と木をすり合わせて起こすのだが、火を起こす担当の神職は、時に本当に大変な思いをするという。神様のお食事に使う火だから、起こせませんとは言えないからだ。

神宮では、毎日のお祭りを別にして、大きなものだけでも年間に四十を超える神祭りが行われている。特に大きなお祭りが、十月の神嘗祭《かんなめさい》、六月十二月に行われる月次祭《つきなみさい》で、古来、三節祭と呼ばれてきた。

三節祭はその月の十五日から十日間行われる。中でも神嘗祭は、最大のお祭りであり、よく「伊勢の正月」と言われる。一般でいう秋祭り、感謝祭的な側面と同時に、新穀を

月次祭、修祓を終え、正宮に向かって参進する神職たち。

奉納し神事で用いる祭器を新しくし、神の生命の更新を祈るのである。

　古い神道の祭りは、じつは夜間に行われることも多くあった。神嘗祭でも、夜十時から由貴夕大御《ゆきのゆうべのおおみ》饌《け》が、翌午前二時からは同じ内容の由貴朝大御饌《ゆきのあしたのおおみけ》が執り行われる。

　古い暦は月の満ち欠けを基準にしていた。陰暦で十五日とは望、つまり満月。松明の灯りだけでも、どうにか夜の祭りを行える日程なのだ。ここで内宮の由貴夕大御饌祭の次第を書いてみよう。

　浄闇の中、トーン、トーン、トーンと、三度ずつ報鼓《ほうこ》という祭りの始まりを知らせる甲高い太鼓の音が響いてくる。その音が徐々に鮮明になるとともに、かすかに、ざっざっと玉砂利を踏む行列の足音がしてくる。そして松明の炎に先導され、祭主を始め神職たちが、少しの乱れもなく参進してくる。

　参進した神職はまず、忌火屋殿

内宮神嘗祭にて、参進の模様。

の前で修祓《しゅはつ》、お祓いを行う。全員が配置につくと、初めに辛櫃《からひつ》に入った神饌《しんせん》(お供え)、次に祭主、そして大宮司以下奉仕する神職を祓い清める。お祓いというと木の棒の先にたくさんの紙垂《しで》のついた祓《はら》い幣《ぬさ》を左右に振るものと思うだろうが、神宮の大祭では、一メートルを超えるような榊の枝に麻をくくりつけた幣と、清めのための御塩《みしお》とで二重の祓いを行う。

修祓がすむと次に、内宮正宮の階段下にある御贄調舎《みにえちょうしゃ》にて神饌のうちアワビの調理が行われ、そして階段を昇り御殿に入っていく。ここからは、参列者には見ることができない。ただ、かすかに雅楽の音が流れ、ひそやかに祭りが進んでいるのだろうと感じるだけである。

神社参拝ではふつう、二拝二拍手一拝の作法で拝礼を行うものだが、神宮のお祭りでは「八度拝」という極々丁寧な作法がとられる。一拝のところを、立ったり座っ

内宮月次祭、御稲御倉でも、同じように御祭りが行われる。

たりの拝を四度繰り返し、二拍手のところを、やや早めにリズミカルに八開手《やひらで》と呼ばれる拍手を打つ。これを繰り返すので八度拝と呼ぶのである。八度拝がすみしばらくすると正宮での祭りが終わり、神職たちは粛々と退下する。

神の分身として清まる

神道では修祓《しゅはつ》といい、お祓いを重要視する。お祓いの際に用いられる祝詞では、「様々な問題やズレ、罪、穢れがもしあるのなら、祓い清めてください」と祈願する文言を読む。お祓いの専門の神々に願うことで、その力をお借りして、知らない間に身についてしまった穢れを祓っていただくのだ。

この「祓う」とか「浄める」という感覚は、私たち日本人にはある意味で当たり前に身についているものかもしれない。欧米人はよく、なかなか謝罪をしないと評される。

裁判になると不利だからといわれるようだが、民族性にも理由はあるのだろう。対して日本人は「ごめん」「悪かった」等々、すぐに頭を下げる。それが良いか悪いかは別として、ここに、祓い清めの感覚が出ていると思うのだ。

キリスト教などには、原罪という根強い思想がある。すべての人類の祖とされるアダムとイブが神に背いた罪を、人類はいまだに背負って生まれてきているのだという。だから神への信仰と神の助けなしでは罪を犯しかねないのだと。客観視すれば、信仰を強固にするための方便なのだとわかるだろうが、この原罪的な発想は、自由を縛っていると言えなくもない。また、仏教や様々な宗教にもみられる地獄の概念も、同じく信仰への方便として用いられたのだろうが、これも心を恐怖で縛りかねない。

神道にも罪や穢れという概念がある。しかし、この概念は非常に明るいのだ。明るいというと語弊があるかもしれないが、神道に於いての罪や穢れは、祓いによって浄められるのだ。

神道には教義こそないが、この考えは、非常に深いと言える。

そもそも人の本質は宇宙や天地自然そのものであり、罪穢れという塵や埃、汚れによって、本質が覆い隠されているに過ぎない。言い換えるなら、曇っていても雨が降っても、常に太陽はその上に輝いていますよということである。雲が祓われれば、自然に太陽の光が届きますよと。

これこそが真理だと、私は思う。仏教の一派である密教などでも、「そもそも一切は清浄なのだから、(その一切に含まれる)我もまた清浄である」という真言がある。これも同じようなことを語っているのだろう。空海の説く即身成仏なども、後天的な修行で何かを身につけることで仏になるのではなく、そもそも備わっている仏を中から出すのだということである。

私たちは、最初から宇宙そのものだ。太陽でもあり、大地でもあるのだ。もちろんそれは姿形としてではなく、本質としての話。証明をする類の話ではないが、もし私たちが宇宙と異質であれば、宇宙に存在できないはずである。

ともあれ、大切なのは、浄められ、本来の光を取り戻した姿で以て、神様に奉仕申し上げることなのだ。人の本質は、すでに神と同じなのだから、その原点に立ち戻り、いわば神の分身というほどに清まって事に当たる。これこそが祓いの意義なのだと思う。

あなたも、神宮でなくとも、神社参拝をし、御祈願を申し込むこともあると思う。そこでお祓いを受けるわけだが、ここで大事なのは、祈願内容や祈る姿勢というより、禊ぎ祓いによって、本来の魂の光を表に出すことなのだ。

外宮月次祭にて、月と雲があまりに美しく夜空を彩った。

すべては神々のために

神饌（しんせん）とは神様へのお供えものですが、
神宮では海産物以外の神饌のほとんどを自給しています。
専用の田んぼでお米を作り、専用の畑で野菜や果物を作っています。
御神酒、御塩から神饌を盛る土器まで、すべて専用の場所で作っています。
しかし、穢れのない清浄な場所で作るという理由だけでは説明出来ない、
奥深い神宮の本質があります。神饌とは何か？　お祭りとは何なのか？
すべて神々のために、御奉仕を捧げる人々の、冷静かつ熱い思いがそこにあります。

神饌は自給自足が原則

豊受大神宮《とようけだいじんぐう》（外宮）で豊受大御神が御鎮座されてから千五百年もの間、毎日続けられているお祭り、日別朝夕大御饌祭《ひごとあさゆうおおみけさい》。朝と夕の二度、天照大御神をはじめ、すべての別宮の神々にお食事をお供えするお祭りです。お供えされる神饌《しんせん》はご飯と塩と水。鰹節、鯛、海草、野菜、果物、そしてお酒です。

　神饌は海産物以外の殆《ほとん》どを神宮で自給自足しています。お米は神宮神田《じんぐうしんでん》、野菜と果物は神宮御園《じんぐうみその》で、身を清めた神宮の職員が心を込めて栽培しており、また御塩《みしお》は御塩浜という塩田で、古式のままに海水を煮詰め、焼き固めた堅塩を作っています。神饌を盛る土器も、その昔高天原《たかまのはら》から土を移したという明和町にある土器調製所で作られたものが調進されています。

　神様にお供えするものだから、穢れがないように自給するということもありますが、神職や職員が神様のために感謝の心を込め、御奉仕すること自体が神事だからかもしれません。雨の日も風の日も、神様に感謝して御奉仕する。その姿勢が神饌というカタチになり、神宮のお祭りの基本になっているのでしょう。

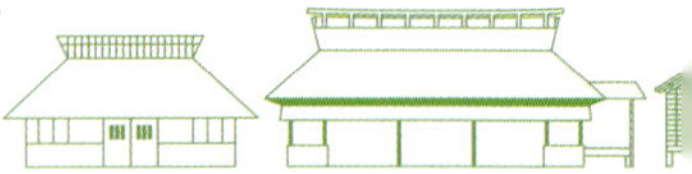

お米に関するお祭りが重要

　さて、古事記によると日本の国は『豊葦原《とよあしはら》の瑞穂《みずほ》の国』と書かれています。水に恵まれ、稲穂が立派に実る国という意味です。

　その昔、天照大御神が高天原で手にいれた稲穂を、「日本民族の主食にするように」と天孫・瓊々杵尊《ににぎのみこと》に託され、地上に稲がもたらされたといいます。稲は神様からの授かりもので、古来日本ではお米には神様が宿ると信じられてきました。

　神宮には年間数えきれないほどのお祭りがありますが、その多くは稲に関わるものです。一年で一番重要なお祭りである神嘗祭《かんなめさい》は、収穫の秋に初穂を神様に捧げて感謝するお祭りであり、お米は神饌

の中でも特別な存在なのです。

神宮ではまず二月の祈年祭でその年の豊作を祈ります。四月上旬には種まきをする神田下種祭《しんでんげしゅさい》、五月と八月には風雨の災害がなく、五穀豊穣を祈る風日祈祭《かざひのみさい》、九月は稲を収穫する抜穂祭《ぬいぼさい》、十月には神々に感謝し、新穀を奉納する神嘗祭、十一月には天皇陛下が神々と新穀を召し上がる新嘗祭《にいなめさい》。つまり、神宮ではお米作りを中心にお祭りが行われているのです。

伊勢は美しい国、おいしい国

日本書紀によると、皇女倭姫命とともに永遠の鎮座地を求めて各地を旅してきた天照大御神が、伊勢国の五十鈴川の川上にたどり着き、次のようにおっしゃいました。

「この神風の伊勢の国は常世《とこよ》の浪の重浪《しきなみ》の帰する国なり、傍国《かたくに》の可怜国《うましくに》なり、この国に居らむとおもふ」。

1. 抜穂祭（ぬいぼさい）
神宮神田にて、神嘗祭、諸祭典で奉る御稲穂を抜きまつるお祭りです。
2. 神田下種祭（しんでんげしゅさい）
神嘗祭、諸祭典にお供えする御料米の稲種を神田に下ろし奉るお祭りです。
3. 神宮神田（じんぐうしんでん）
神宮神田全景。伊勢市楠部町にある倭姫命が定められた由緒ある神宮神田。
4. 神宮御園（じんぐうみその）
野菜や果物が清浄に栽培されている農園です。

写真2〜4神宮司庁提供

「常世」とは理想郷であり、そこから永遠の祝福を与えてくれる波がたえず打ち寄せてくる国という意味ですが、可怜国《うましくに》とは「美しい国」という意味とともに、海の幸や山の幸に恵まれた「おいしい国」という意味もあります。

天照大御神はそんな理想の国であり、「うまし国」でもある場所を、ついに伊勢に見いだされ、伊勢は永遠の鎮座地となったのです。

しかし、いかにおいしい食材に恵まれた土地でも、いい料理人がいなければ、おいしく召し上がることができません。

天照大御神の御鎮座およそ五百年後、雄略天皇の御夢の中に天照大御神があらわれ、今のままではお食事を安心していただけないので、丹波の国から御饌都神《みけつかみ》として豊受大御神をお迎えしてほしいというお告げをされました。こうして、伊勢には内宮と外宮という両正宮が誕生したのです。

1. 御塩殿(みしおどの)
御塩浜で採集した高濃度の海水を、御塩焼所で煮詰めて粗塩にします。

2. 土器調製所(どきちょうせいじょ)
神饌を載せるための素焼きの土器を、一つ一つ手作業で作ります。

3. 御料干鯛調製所(ごりょうひだいちょうせいじょ)
定められた神宮の調製所で地元の人々の奉仕で干鯛が調製されます。

4. 御料鰒調製所(ごりょうあわびちょうせいじょ)
鳥羽の国崎でとれた鰒は、生鰒のほか、のし鰒などに調製されます。

写真はすべて神宮司庁提供

火きり具での忌火おこし

毎朝、檜と山枇杷《びわ》の火鑽具で忌火をおこす

神宮司庁提供

上御井神社でのお水汲

上御井神社より毎朝お水をいただく

神宮司庁提供

日《ひ》別《ごと》朝《あさ》夕《ゆう》大《おお》御《み》饌《け》祭《さい》

豊受大御神が外宮に御鎮座されて
千五百年間、雨の日も風の日も
毎日続けられているお祭りがあります。
このお祭りが神宮のお祭りの基本となり、
神嘗祭や式年遷宮へとつながっているのです。

朝夕二度、両宮の神々にお供え

豊受大御神が御饌都神《みけつかみ》として伊勢の山田原の地に御鎮座されて以来、豊受大神宮の忌火屋殿《いみびやでん》では毎朝、天照大御神をはじめ両宮の神々にお供えするお食事が作られています。

神様に捧げる神饌は、特別におこした清浄な火で調理することになっており、その火を「忌火《いみび》」といいます。忌火は弥生時代から用いられている形式の火鑽具《ひきりぐ》を用い、木と木をすりあわせた摩擦熱によって火をおこすものです。これ

日別朝夕大御饌祭奉仕のために忌火屋殿に向かう神職。

を忌火を鑽《き》るといいます。

また御水は宮域内の上御井神社《かみのみいのじんじゃ》の井戸から毎日お汲みします。高天原から種水をいただいたという伝説の井戸です。御水を汲むときには神職が浄衣を着用してひしゃくで手桶に汲むのですが、そのときに自分の姿が水面に映らないようにするそうです。

お祭りに奉仕する神職は五人。前夜から斎館に参籠《さんろう》し、沐浴《もくよく》をして身を清めてから調理にとりかかります。忌火屋殿で作られた神饌は、御垣内《みかきうち》の東北隅にある御饌殿《みけでん》に運ばれ、内宮・外宮・別宮の御祭神にお供えする神事が行われます。祝詞《のりと》を奏上し、皇室の御安泰、国民の幸福がお祈りされています。

これが日別朝夕大御饌祭です。このお祭りは春夏が午前八時と午後四時、秋冬が午前九時と午後三時に行われます。朝夕の二度行われるのは、古代の人々の食事が一日二食だったからといわれています。

神嘗祭《かんなめさい》

天照大御神が「日本民族の主食にするように」とお授けになった稲。その感謝とともに、収穫の秋に初穂を神様に捧げるお祭りが神嘗祭です。神宮では一年を通して様々なお祭りがありますが、神嘗祭はその中心なのです。

神宮で一番大切なお祭り

神宮神田《じんぐうしんでん》は二千年前、倭姫命《やまとひめのみこと》がこの田で御料のお米を作るように定められた由緒ある田んぼです。五十鈴川の清らかな水を引き、粳米《うるちまい》と糯米《じゅまい》＝餅米を作っています。

神宮神田では四月上旬に種蒔きのお祭り、神田下種祭《しんでんげしゅさい》が行われます。天照大御神が天孫・瓊々杵尊《ににぎのみこと》に稲穂を託されたように、神宮の禰宜《ねぎ》が作長《さくちょう》と呼ばれる神宮神田の責任者に稲種を授け、奉仕員とともにその種を蒔きます。これは毎年、神様から忌種《ゆだね》が授けられ、それをお借りして稲を作っていることを表しています。

やがて五月に御田植初《おたうえはじめ》で田植えをすると、暑い夏を経て、たわわに実る稲穂が頭を垂れます。そして九月の抜穂祭で稲を収穫すると、いよいよ神嘗祭です。

九月末、神嘗祭を迎えるために神宮内でも準備のお祭りが始まります。神職一同が祓所《はらえど》にて大祓《おおはらい》をし、十月一日には新穀で新酒を造る御酒殿祭《みさかどのさい》、十月五日には御塩を焼き固める御塩殿祭《みしおどのさい》が行われます。

また、お祭りに使う敷物や器も新調します。

神嘗祭はその年の新穀を最初に神様に捧げ、天照大御神から授かった稲穂が実ったことを奉告し、感謝するという神宮で一番大切なお祭りです。

「大祭り」や「神嘗正月」ともいわれ、神嘗祭は神宮にとってのお正月なのです。実際、風日祈祭や神田下種祭などの重要なお祭りも、神嘗祭のための付属祭典です。いかに神嘗祭が重要なお祭りなのかが分かります。

御正宮の内玉垣には、天皇陛下が皇居内の神田で御自ら育てられた御初穂とともに、全国の農家から奉納された稲穂がかけられます。これは懸税《かけちから》といいます。

メインは由貴大御饌

十月十五日、午後五時。内宮で興玉神祭《おきたまのかみさい》から大祭りは始まります。

まず地主神である興玉神を祀り、奉仕員一同があやまちなく御奉仕できることを祈り、続いて御卜《みうら》という儀式が行われます。これは奉仕する一人一人が神の御心にかなうか、罪や穢れがないかを占うものであり、万一御心にかなわない場合は奉仕ができないという神秘的な儀式です。

十月十五日、午後十時。豊受大神宮(外宮)において「由貴夕大御饌《ゆきのゆうべのおおみけ》」が行われます。由貴大御饌とは、限りなく尊いお食事をお供えするという儀式であり、神嘗祭の中でも、メインの儀式の一つです。

新穀から調製した御飯、御餅、御神酒を中心に、アワビや鯛、伊勢海老、野菜、果物など三十種。お酒だけでも白酒《しろき》、黒酒《くろき》、醴酒《れいしゅ》、清酒の四種類もあるという御馳走を神様にお供えするのです。

パチパチと炎が燃える音が聞こえるくらいの静寂の中、祭主をはじめ、大宮司、少宮司以下総員四十

数名の神職が純白の装束で進みます。やがて、辛櫃《からひつ》に納めた神饌、祭員が御塩とお榊でお祓いをしたのち、御正宮に向かいます。神饌のお供えをした後、神様にだけお聞きいただくような、かすかな声で祝詞を奏上します。由貴大御饌を奉《たてまつ》る旨と、皇室をはじめ世界中の人々の平安が祈られます。

　そして午前二時からは同じ内容のお祭りが行われます。これは「由貴朝大御饌《ゆきのあしたのおおみけ》」といいます。

十日間続く神嘗祭

　十月十六日、正午。天皇陛下は勅使《ちょくし》をお遣わしになられ、幣帛《へいはく》を御奉納になる「奉幣《ほうへい》の儀」が行われます。幣帛とは神様にお供えする御料の総称で、「みてぐら」ともいいます。天皇陛下が奉献されるのは五色の絹をはじめ数種の幣帛。そして勅使が御祭文を奏上されます。また、午後六時からは御神楽《みかぐら》が捧げられます。

　十月十六日、午後十時。皇大神宮（内宮）にて外宮と同様に「由貴夕大御饌」が行われます。宇治橋の上に輝く星や月が美しい頃、深い杜の中に太鼓が響き、松明の明かりに照らされて参進が始まるのです。外宮と違うところは内宮では御《み》贄調舎《にえちょうしゃ》に外宮の豊受大御神をお呼びし、アワビの調理が行われることです。

　この後、午前二時に由貴朝大御饌、十月十七日の正午に奉幣の儀、午後六時に御神楽が奉奏され、三日間にわたり行われた両正宮の神嘗祭は終わります。

　驚くことは、この両正宮に引き続き、十月二十五日まで十四の別宮をはじめ、百九社の摂社末社所管社すべてにおいて、神嘗祭が行われることです。神嘗祭はまさに神宮における最大のお祭りなのです。

　一般の人々がほとんど知らない

ところで、神宮で二千年も続けられてきた神々への祈り。私たちが豊かな国、日本に生きられるのは、そんなお祭りが文化の中心にあるからかもしれません。

ちなみに、新米は神様がお召し上がりになる神嘗祭、天皇陛下がお召し上がりになる新嘗祭がすむまで、食べないのが習わしであり、神宮の神職をはじめ、伊勢の人々は今もそれを守る人が多いそうです。

神宮司庁提供

初穂曳き(神嘗奉祝祭)

木遣り歌も勇ましく、伊勢の人々が初穂を奉納

神嘗祭を奉祝して、伊勢地方の人々が初穂を神宮へ奉納する行事が初穂曳き。10月15日、飾り付けをした御木曳車《おきひきぐるま》(木を乗せる荷車)に初穂を乗せ、揃いの法被姿で木遣《きや》りを歌い、市内を練りながら、外宮に初穂を奉納。翌16日には、そりに初穂をのせ、五十鈴川を勇壮に川曳《かわび》きし、前日同様揃いの法被姿で木遣りを歌いながら、内宮へ初穂を奉納します。

瀧原宮の御祭り。

別宮の御祭

神宮のお祭りといえば両正宮のお祭りだけでなく、百二十五宮社すべてにおいてお祭りが行われています。私たちの知らないところで、脈々と受け継がれている神宮の伝統には頭が下がる思いです。

瀧原宮の月次祭に参列

神宮には内宮に十カ所、外宮に四カ所の別宮があります。御正宮でのお祭りが終わった後も、神嘗祭と月次祭は十日間、祈年祭と新嘗祭は六日間かけて別宮以下諸宮社でもお祭りが行われます。

十二月。夜のお祭りは一般参拝者は見学することが出来ないため、参道は真っ暗。懐中電灯がないと歩けないほどの闇の中、厳かにお祭りが行われていました。

松明の明かりに照らされ、奉仕者の参進《さんしん》が始まります。御正宮とは規模が違うものの、参道の両側をビッシリと大木が覆う中を進む

夜空に星が瞬く浄暗の時、静かに祭りは進んでいく。

様子は、瀧原宮ならではの荘厳さ。ムササビが頭上の木で鳴き、かすかな動きも察知できるような静かな静かな杜の中、自然の営みはいつもそこにあり、人が神を祀る儀式が粛々と行われていきます。

御正宮のお祭りには許可された崇敬者と取材陣が並びますが、ここにはそんな人の気配もない、神の気が本当に近く感じられ、ついには人間の存在も消え、それしかない空間へと変わっていきます。

神職が神前に神饌のお供えをした後、神様にだけお聞きいただく小さな声で祝詞を奏上し、由貴の大御饌を奉る旨と、皇室をはじめ世界中の平安が祈られます。

十二月の深い杜の冷気がやがて神域に充満し、零度近くまで下がったでしょうか。ムササビも静まり返り、八度拝が続く姿は、まさに時間が止まったかのような感覚を覚えます。そこには神様への感謝の時間が流れていました。

年間のお祭りスケジュール

一月一日	歳旦祭《さいたんさい》	新しい年のはじめをお祝いします。
一月三日	元始祭《げんしさい》	天津日嗣（あまつひつぎ）＝皇統の元始（はじめ）をお祝いします。
一月七日	昭和天皇祭遥拝《しょうわてんのうさいようはい》	先帝のおかくれになられた日、宮中皇霊殿で御親祭あらせられるにつき、神宮でも遙拝式を行います。【内宮第一鳥居内祓所】
一月十一日	一月十一日御饌《いちがつじゅういちにちみけ》	神宮の両正宮をはじめ、諸宮社におまつりするすべての神々に、神饌を奉ります。続いて五丈殿で東遊（あずまあそび）が行われます【内宮四丈殿】。
二月十一日	建国記念祭《けんこくきねんさい》	国のはじめをお祝いし、今後の発展をお祈りします。
二月十七日	祈年祭《きねんさい》	「としごいのまつり」ともいい、神饌を奉り、五穀の豊かな稔りをお祈りします。大御饌の儀と、勅使が参向して奉仕される奉幣の儀の二つのお祭りが行われます。
三月春分の日	御園祭《みそのさい》	野菜、果実などの豊作をお祈りします。【神宮御園】
三月春分の日	春季皇霊祭遙拝《しゅんきこうれいさいようはい》	宮中皇霊殿で皇祖皇宗（こうそこうそう）をお祭りになるに際して、神宮でも遙拝式を行います。【内宮第一鳥居内祓所】
四月上旬	神田下種祭《しんでんげしゅさい》	神嘗祭を始め諸祭典にお供えする御料米の稲種を神田にはじめて下（おろ）し奉るお祭りです。【神宮神田】
四月三日	神武天皇祭遥拝《じんむてんのうさいようはい》	神武天皇のおかくれの日、宮中の皇霊殿にて御親祭が行われるについて、神宮でも遙拝式を行います。
五月一日	神御衣奉織始祭《かんみそほうしょくはじめさい》	神御衣祭付属のお祭りで、皇大神宮および荒祭宮御料の和妙（にぎたえ）、荒妙（あらたえ）を奉職するため行われます。【松阪市 神服織機殿神社・神麻続機殿神社】
五月十三日	神御衣奉織鎮謝祭《かんみそほうしょくちんしゃさい》	神御衣の和妙、荒妙のうるわしく織り上ったことを感謝します。【同右】
五月十四日	風日祈祭《かざひのみさい》	御幣（みてぐら）、御蓑（おんみの）、御笠（おんかさ）を奉り、風雨の災害なく、五穀の豊かな稔りをお祈りします。
同日	神御衣祭《かんみそさい》	皇大神宮と荒祭宮に和妙、荒妙の二種の神御衣を奉ります。五月は夏の御料を奉ります。
六月一日	御酒殿祭《みさかどのさい》	六月月次祭の御料酒が、うるわしく醸造されるようお祈りします。【内宮御酒殿】

神御衣奉織始祭《かんみそほうしょくはじめさい》

祈年祭《きねんさい》

六月十五日	興玉神祭《おきたまのかみさい》	月次祭奉仕にあたり、内宮御垣内西北隅に御鎮座の地主の神、興玉神をおまつりします。【興玉神】
同日	御卜《みうら》	月次祭奉仕の神職が、奉仕直前に神の御心(みこころ)にかなうか、おうかがいする行事です。【内宮中重】
六月十五日から 六月二十五日まで	月次祭《つきなみさい》	由貴の大御饌(ゆきのおおみけ)を午後十時、翌午前二時の二度奉ります。 ついで正午、奉幣の儀が行われます。 引きつづき別宮以下諸宮社でもお祭りが行われます。 外宮　六月十五日・十六日 内宮　六月十六日・十七日
六月三十日	大祓《おおはらい》	大祭の前月末日に、神宮神職・楽師を祓い清める行事で、特に六月、十二月の末日には全職員の大祓が行われます。【内宮第一鳥居内祓所その他】
八月四日	風日祈祭《かざひのみさい》	御幣を奉り、風雨の順調、五穀の豊穣をお祈りします。
九月上旬	抜穂祭《ぬいぼさい》	神田にて神嘗祭に奉る御料米の御稲穂を抜きまつるお祭りが行われます。【神宮神田】
九月秋分の日	秋季皇霊祭遙拝《しゅうきこうれいさいようはい》	宮中皇霊殿で皇祖皇宗(こうそこうそう)をお祭りになるに際して、神宮でも遙拝式を行います。【内宮第一鳥居内祓所】
十月一日	御酒殿祭	神嘗祭の御料酒が、うるわしく醸造されるようお祈りします。【内宮御酒殿】
同日	神御衣奉織始祭	神御衣祭付属のお祭りで、皇大神宮および荒祭宮御料の和妙(にぎたえ)、荒妙(あらたえ)を奉職するため行われます。【松阪市 神服織機殿神社・神麻続機殿神社】
十月五日	御塩殿祭《みしおどのさい》	年中の諸祭典にお供えする御塩が、うるわしく奉製されるようにお祈りし、また塩業に従事する人々の守護を合わせてお祈りします。【御塩殿神社】
十月十三日	神御衣奉織鎮謝祭	神御衣の和妙、荒妙のうるわしく織り上ったことを感謝します。【松阪市 神服織機殿神社・神麻続機殿神社】
十月十四日	神御衣祭	皇大神宮と荒祭宮に和妙、荒妙の二種の神御衣を奉ります。十月は冬の御料を奉ります。
十月十五日	興玉神祭	神嘗祭奉仕にあたり、内宮御垣内西北隅に御鎮座の地主の神、興玉神をおまつりします。【興玉神】

風日祈祭《かざひのみさい》

同日	御卜	神嘗祭奉仕の神職が、奉仕直前に神の御心（みこころ）にかなうか、おうかがいする行事です。【内宮中重】
十月十五日から十月二十五日まで	神嘗祭《かんなめさい》	その年の新穀を大御神に奉り、御神徳に報謝申し上げる大祭です。引きつづき別宮以下諸宮社でもお祭りが行われます。 由貴夕大御饌（外宮）十五日午後十時（内宮）十六日午後十時、 由貴朝大御饌（外宮）十六日午前二時（内宮）十七日午前二時、 奉幣（外宮）十六日正午（内宮）十七日正午、 御神楽（外宮）十六日午後六時（内宮）十七日午後六時
十一月二十三日から十一月二十九日まで	新嘗祭《にいなめさい》	「しんじょうさい」ともいい、新穀を天皇陛下御自ら神々に奉られ、また御自らもお召しあがりになる大儀が宮中で行われるに際して、神宮にも勅使を御差遣（ごさけん）になり、奉幣の儀が行われます。また、それに先だって神饌を奉り大御饌の儀を行います。引き続き別宮以下諸宮社でもお祭りが行われます。
十二月一日	御酒殿祭	十二月次祭の御料酒が、うるわしく醸造されるようお祈りします。【内宮御酒殿】
十二月十五日	興玉神祭	十二月次祭奉仕にあたり、内宮御垣内西北隅に御鎮座の地主の神、興玉神をおまつりします。【興玉神】
同日	御卜	神嘗祭奉仕の神職が、奉仕直前に神の御心（みこころ）にかなうか、おうかがいする行事です。【内宮中重】
十二月十五日から十二月二十五日まで	月次祭	由貴の大御饌（ゆきのおおみけ）を午後十時、翌午前二時の二度奉ります。ついで正午、奉幣の儀が行われます。引きつづき別宮以下諸宮社でもお祭りが行われます。 外宮　十二月十五日・十六日 内宮　十二月十六日・十七日
十二月二十三日	天長祭《てんちょうさい》	天皇陛下の御誕生日をお祝い申し上げるお祭りが行われます。
十二月三十一日	大祓	大祭の前月末日に、神宮神職・楽師を祓い清める行事で、特に六月、十二月の末日には全職員の大祓が行われます。【内宮第一鳥居内祓所その他】
毎日	日別朝夕大御饌祭《ひごとあさゆうおおみけさい》	年中、毎日朝夕の二度、外宮の御饌殿で、両正宮、同相殿神および各別宮諸神にお供えものを奉ります。

神嘗祭《かんなめさい》

新嘗祭《にいなめさい》

大祓

年間行事スケジュール

○四月十九日	月夜見宮春季大祭	月夜見宮奉賛会による神恩感謝の大祭。奉賛行事もあり、終日賑わいます。【月夜見宮】
○四月二十八日から四月三十日まで	春の神楽祭	午前十一時、午後二時の二回。内宮神苑の特設舞台（雨の場合は参集殿舞台）で、神恩感謝と国民の平和を願い、神宮舞楽が一般公開されます。
四月下旬	植樹祭	将来の遷宮御用材になることを願い、大宮司以下職員が神宮宮域林に三年生のヒノキ苗約五百本を植えます。
○五月五日	倭姫宮春の例大祭	倭姫宮御杖代奉賛会による神恩感謝の大祭。奉賛行事もあり、終日賑わいます。【倭姫宮】
○六月二十四日	伊雑宮御田植式	日本三大御田植祭の一つ。当日は伊雑宮で月次祭も行われ、多くの人々で賑わう。国の重要無形民俗文化財。【伊雑宮】
○七月中旬	神宮奉納花火大会	全国から選抜された花火師たちが奉納する花火大会。約九千発の花火が夜空を飾ります。【宮川河畔】
七月下旬	御塩浜の採鹹《さいかん》作業	あらゆる祭典にかかせない御塩。五十鈴川下流の汐合橋付近に「入浜式製塩法」の塩田を設け、鹹水（濃縮された海水）を採集します。
○七月下旬	瀧原宮夏の御祭《ごさい》	古くから皇大神宮の遥宮と称され貴ばれてきた瀧原宮の、地元の人々による夏祭りです。【瀧原宮】
○八月一日	八朔参り	早朝から地元の人が外宮・内宮にお参りし、五穀豊穣や無病息災を祈ります。なお、外宮では「ゆかたで千人お参り」も同日開催。
○九月十九日	月夜見宮秋季大祭	月夜見宮奉賛会による神恩感謝の大祭。奉賛行事もあり、終日賑わいます。【月夜見宮】
○九月二十二日から九月二十四日まで	秋の神楽祭	午前十一時、午後二時の二回。内宮神苑の特設舞台（雨の場合は参集殿舞台）で、神恩感謝と国民の平和を願い、神宮舞楽が一般公開されます。
○十月十五日、十月十六日	初穂曳（お伊勢大祭）	十月十五日　伊勢市尼辻～外宮、十月十六日　宇治浦田～内宮 神嘗祭を奉祝して、伊勢地方の青年たちが奉曳車を仕立て、ハッピ姿に木遣歌も勇ましく、両宮に初穂を搬入します。
○十月二十五日	伊雑宮調献式	伊雑宮奉賛会員はじめ篤志家が、志摩地方の海幸・山幸を伊雑宮に奉献して神恩感謝の誠を捧げます。【伊雑宮】
○十月下旬	瀧原宮秋の御祭《ごさい》	古くから皇大神宮の遥宮と称され貴ばれてきた瀧原宮の、地元の人々による秋祭りです。【瀧原宮】
○十一月五日	倭姫宮秋の例大祭	倭姫宮御杖代奉賛会による神恩感謝の大祭。奉賛行事もあり、終日賑わいます。【倭姫宮】

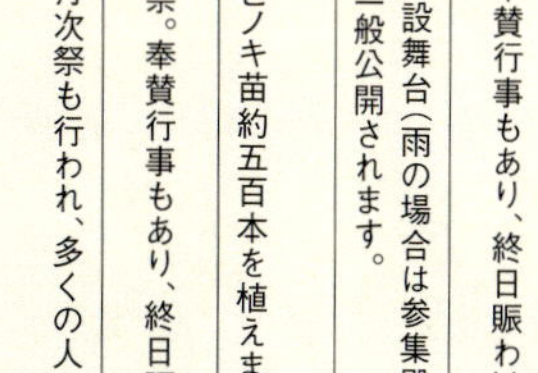
神宮司庁提供
植樹祭

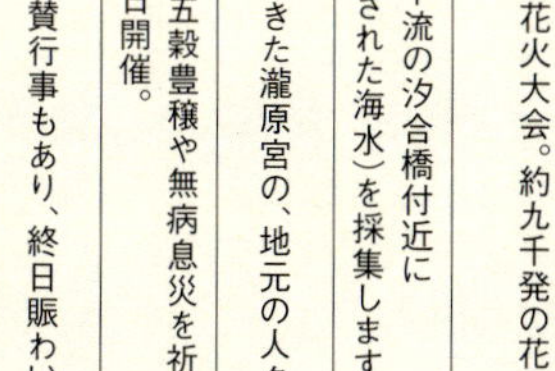
神宮司庁提供
倭姫宮春の例大祭

○は見学可能の行事です

式年遷宮

平成二十五年に第六十二回を迎える式年遷宮。千三百年もの間続く二十年に一度の大祭は、神宮にとってかけがえのない尊いお祭りであり、その時代の集大成なのです。

すべてを新調する神宮最大のお祭り

二十年に一度の大祭、式年遷宮。式年遷宮とは定められた年に、御社殿の横の敷地に新宮をお建てして大御神にお遷りを願うお祭りのことです。「式年」とは「定めの年」という意味で、二十年に一度とすることを、天武天皇がご発意されました。

　神宮には内宮・外宮、別宮の横に御社殿と同じ広さの敷地があり、そこに同じ形の御社殿を造り替えます。それを二十年に一度繰り返すことで大御神の神殿を永遠のものとして伝えているのです。

　しかし、新しくするのは御社殿だけではありません。御装束・神宝をすべて新調するのです。その数七百十四種、千五百七十六点といわれます。

　では、二十年に一度、なぜすべてを新しくするのでしょうか？　じつは正確な理由はどこにも記載されておらず、いくつかの説が考えられています。

　まず、御社殿が新しさを保つ限度が二十年だという説。これはそれだけ経てば屋根が苔むして、新しさが失われるということです。また、建築技術や神宝作製の技術を次の世代に継承するのに二十年が精一杯だという説。そして、唯一神明造《ゆいいつしんめいづくり》という神宮独特の建築は、弥生時代に稲を保存した穀倉がモデルといわれますが、稲の最長貯蔵年限が二十年という法令を根拠にした説などがあります。

千三百年続く式年遷宮

　式年遷宮は持統天皇四年（六九〇）に第一回が行われました。平成二十五年十月に第六十二回目を迎えます。しかし、遷宮には莫大な費用がかかります。南北朝から室町時代にかけて、世の中が乱れた時代には一時中断した時期がありました。そのときは慶光院《けいこういん》の尼僧たちが全国を勧進し、寄付を集めて遷宮を再興させました。

　また、昭和二十八年の遷宮では戦後で資金調達を心配した画家た

山口祭《やまぐちさい》

遷宮の御用材を伐採する御杣山《みそまやま》の
山口に坐す神を祀り、伐採と
搬出の安全を両正宮で祈るお祭り。

御杣始祭《みそまはじめさい》

長野県上松町にある木曽の
御杣山で、御用材を
正式に伐採するお祭りです。

御樋代木奉曳式《みひしろぎほうえいしき》

御神体をお納めする「御樋代」の
御用材を伊勢へ運び、
宮域内に曳き入れる儀式です。

写真はすべて神宮司庁提供

神宮徴古館蔵

ちから作品の寄贈がありました。遷宮を続けてほしいという人々の思いが神々に届き、たび重なる危機を乗り越え、千三百年もの間続いているのです。

平成十六年一月十九日、神宮大宮司が天皇陛下に拝謁し、「次期遷宮の御準備に大宮司以下よろしく努めるように」との御言葉を賜り、神宮では平成十七年一月一日に神宮式年造営庁を発足。本格的な準備に取りかかりました。

平成二十五年の御遷宮に向けて

第六十二回式年遷宮は八年前の平成十七年から始まり、およそ三十ものお祭りと行事が行われます。

平成十七年五月。御用材を伐り出す御杣山《みそまやま》の山口に坐す神を祀り、伐採の搬出の安全を祈る、山口祭が行われ、遷宮行事が始まりました。

遷宮の諸祭は大きくわけて三段階に分類されます。まず、御用材《ごようざい》を

遷御の図（前田青邨画）

神宮に運搬するまでの御用材関係のお祭り。次に木造始祭《こづくりはじめさい》を行い造営が開始され、建築完成までの造営関係のお祭り。そして、遷御《せんぎょ》を中心として大御神を新殿にお遷しするためのお祭りです。

また、御遷宮の四年前、平成二十一年には皇大神宮の入口にかかる宇治橋を架け替え、渡り始めをする、宇治橋渡始式《うじばしわたりはじめしき》が行われました。二十年間に一億人以上が渡るという宇治橋の新しい橋の渡り初めに、古式通りに渡女《わたりめ》といわれる老女を先頭に三世代揃った夫婦が渡りました。

平成二十五年の御遷宮に向けて、今も着々と諸祭の準備が進んでいます。

神々しい御装束・神宝

二十年に一度、御社殿とともに新調される御装束・神宝。御装束とは神殿内外を飾る布帛や品々、遷御の儀に用いる品々の総称のこと。神宝は機《はた》、楽器、硯、武具、馬具、日常品など神々の御用に供する調度品のことです。これは平安時代の『儀式帳』や『延喜式』の規定に習い、人間国宝をはじめ、現代の最高の美術工芸家の手によって調製されます。

白銅の御鏡をはじめ、その数六十振《ふり》という御太刀《おんたち》。平安時代の唐鞍《からくら》様式を伝える檜彫りの御彫馬《おんえりうま》、御櫛《おんくし》など神様に捧げる御神宝は、どれも神々しい雰囲気に満ちた美しさ。なかでも、金銅のかざり金具に、琥珀《こはく》、瑠璃《るり》、瑪瑙《めのう》、水晶などをはめ込んだ玉纏御太刀《たままきのおんたち》、絶滅危惧種のトキの貴重な羽根二枚を使った須賀利御太刀《すがりのおんたち》など、内宮御料の御太刀の麗しさはまさに神様の宝物です。

しかし、生活様式の変化によって、須賀利御太刀のトキの羽根のように、材料の入手が困難になっているものも多く、太刀六十振の刀身の鍛造《たんぞう》に欠かせない玉鋼《たまはがね》の原料も十分でないそうです。また、四千八百本という膨大な数の矢は、本来は鷲《わし》の羽根を用いますが、自然破壊による個体数の激減で他の鳥の羽根などで代用しているそうです。

文化継承にも必要な式年遷宮

さらに、後継者不足の問題も発生しています。御太刀を作る際の日本独自の和鉄精錬の技法を継承する人が少なくなっているほか、天然染料を使った高度な染色技術を持つ職人さんも減っているらしいです。

じつは神宝は古来、朝廷から調進され、国費でまかなわれていましたが、昭和二十年の敗戦後から神宮自体が担わなければならなくなりました。今後も神宮単体で式年遷宮を続けていかなければなりませんが、それでも二十年に一度、日本の最高の伝統技術を結集して、大御神に御装束・神宝を捧げ続けていることは、日本の誇りであり、文化の継承にもなることを忘れてはいけません。

何十人もの人間国宝級の職人が関わり、自らの作品ではない、神様のための宝をみんなで創り上げる。神様に捧げる御神宝だからと、寸分の妥協も許さずに最大限の力を尽くして調製する。神宝は日本の一番継承していかなくてはならない「ものづくり」の原点なのかもしれません。事実、職人たちは目に見えない隠れた部分にも、手を抜かずに細工を施すといいます。

材料を十分に揃えるための自然環境を保全し、素晴らしい技術や誠の心を持った職人たちを守る。御装束・神宝を二十年に一度新調し、神様に奉納する。それこそが大御神の愛であり、メッセージであるかもしれません。

須賀利御太刀《すがりのおんたち》

神宮司庁提供

鶴斑毛御彫馬《つるぶちげのおんえりうま》

神宮司庁提供

神宮司庁提供

宇治橋渡始式《うじばしわたりはじめしき》　平成21年11月、御遷宮の4年前、宇治橋も20年に一度かけ替えられ、古式により渡り始めが行なわれます。

平成十七年

五月　**山口祭《やまぐちさい》**
遷宮の御用材を伐る御杣山（みそまやま）の山口に坐す神をまつり、伐採と搬出の安全を祈ります。

木本祭《このもとさい》
新殿御正殿の御床下に奉建する心御柱（しんのみはしら）の御用材を伐採するにあたり、その木の本に坐す神をまつります。

六月　**御杣始祭《みそまはじめさい》**
御用材を木曽の御杣山で正式に伐採するお祭りです。長野県上松町にて。

御樋代木奉曳式《みひしろぎほうえいしき》
御神体をお納めする「御樋代」の御用材を伊勢へ運ぶ儀式です。

九月　**御船代祭《みふなしろさい》**
御樋代をお納めする「御船代」の御用材を伐採するお祭りです。

平成十八年

四月　**御木曳初式《おきひきぞめしき》**
御造営用材の搬入はじめ。内宮・外宮に旧神領民の住民が木遣（きやり）音頭も勇ましく奉仕します。

木造始祭《こづくりはじめさい》
御造営の木取（きどり）作業を始めるにあたって、作業の安全を祈り、御木に忌斧（いみおの）を打ち入れるお祭りです。

五月　**御木曳行事《おきひきぎょうじ》（第一次）**
旧神領民および全国の崇敬者により、御用材を古式のままに両宮域内に奉曳します。

七月　**仮御樋代木伐採式《かりみひしろぎばっさいしき》**
遷御（せんぎょ）のとき、御神体をお納めする仮御樋代（かりみひしろ）の御用材を伐採するにあたり、木の本に坐す神をまつり、忌斧を入れる式です。

平成十九年

五月　**御木曳行事《おきひきぎょうじ》（第二次）**
第一次と同じく、内宮は五十鈴川を川曳し、外宮は御木曳車で陸曳し、御用材を奉曳します。

平成二十年

四月　**鎮地祭《ちんちさい》**
新宮（にいみや）の大宮所（おおみやどころ）に坐す神を鎮めるお祭りです。

神宮司庁提供
山口祭《やまぐちさい》

神宮司庁提供
木本祭《このもとさい》

神宮司庁提供
御木曳行事《おきひきぎょうじ》

平成二十一年			
	十一月	宇治橋渡始式《うじばしわたりはじめしき》	宇治橋も二十年毎に新しくかけ替えられ、古式により渡り始めが行なわれます。
平成二十四年			
	三月	立柱祭《りっちゅうさい》	御正殿の御柱をたてるお祭りです。
		御形祭《ごぎょうさい》	御正殿の東西の妻の束柱(つかばしら)に御形(ごぎょう)=御鏡形を穿(うが)つお祭り。立柱祭の日に行われます。
		上棟祭《じょうとうさい》	御正宮の棟木(むなき)を揚(あ)げるお祭りです。
	五月	檐付祭《のきつけさい》	御正殿の御屋根の萱(かや)をふきはじめるお祭りです。
	七月	甍祭《いらかさい》	御正殿の御屋根をふき終り、金物を打つお祭りです。
平成二十五年			
	八月	御白石持行事《おしらいしもちぎょうじ》	新宮の御敷地(みしきち)に敷きつめる「御白石」を伊勢の市民をはじめ、全国の崇敬者が奉献する盛大な行事です。
	九月	御戸祭《みとさい》	御正殿の御扉(みとびら)を造りまつるお祭りです。
		御船代奉納式《みふなしろほうのうしき》	御神体をお鎮めする御船代を刻みまつり、御正殿に奉納する式です。
		洗清《あらいきよめ》	竣工した新宮のすべてを洗い清める式です。
		心御柱奉建《しんのみはしらほうけん》	御正殿中央の床下に心御柱を奉建する神秘的な行事です。
		杵築祭《こつきさい》	新宮の御柱の根元を白杖で突き、御敷地をつき固めるお祭りです。

神宮司庁提供

鎮地祭《ちんちさい》

神宮司庁提供

宇治橋渡始式《うじばしわたりはじめしき》

神宮司庁提供

木造始祭《こづくりはじめさい》

十月	後鎮祭《ごちんさい》	新宮の竣工をよろこび、平安に守護あらんことを大宮地に坐す神に祈るお祭りです。
	御装束神宝読合《おんしょうぞくしんぽうとくごう》	新調された御装束神宝を新宮におさめるにあたり、照合する式です。
	川原大祓《かわらおおはらい》	御装束神宝をはじめ、遷御に奉仕する祭主以下を川原の祓所で祓い清める式です。
	御飾《おかざり》	調進された御装束で新殿を装飾し、遷御の御準備をする式です。
	遷御《せんぎょ》	御神体を新宮に遷しまつるお祭りです。遷宮祭の中核をなす祭儀で、天皇陛下が斎行の月日をお定めになられます。
	大御饌《おおみけ》	遷御の翌日、新宮ではじめての大御饌を奉るお祭りです。
	奉幣《ほうへい》	遷御の翌日、新宮の大御前に天皇陛下のお使いである勅使(ちょくし)が幣帛(へいはく)を御奉納されます。
	古物渡《こもつわたし》	遷御の翌日、古殿に奉納してあった神宝類を新宮に移しまつる式です。
	御神楽御饌《みかぐらみけ》	遷御の翌日の夕、御神楽にさきだち、大御饌を奉るお祭りです。
	御神楽《みかぐら》	新宮の四丈殿にて勅使および祭主以下参列のもと、宮内庁楽師により、御神楽と秘曲(ひきょく)が奉奏されます。
	荒祭宮・多賀宮の遷御	両正宮に引き続き、荒祭宮・多賀宮の遷宮が斎行されます。
平成二十六～二十七年	十二別宮の遷御	月読宮以下の十二別宮は、平成二十七年までにすべて斎行されます。

御白石持行事《おしらいしもちぎょうじ》

神宮司庁提供

遷御《せんぎょ》

神宮司庁提供

神宮の歴史を知る

大御神の御鎮座

神話の時代、高天原の天照大御神は、葦原の中国と呼ばれたこの国に、天孫・瓊々杵尊《ににぎのみこと》を降《くだ》して国を治めようとされました。大御神はこの国は天地とともに永遠であるとの御祝福の言葉と、高天原で手にいれた稲穂を託され、「この鏡は私を見るがごとくに祀れ」と宝鏡を授けました。それ以来、宝鏡は八咫鏡《やたのかがみ》と呼ばれ、この地上で瓊々杵尊の御子孫にあたられる天皇が大御神を祭祀する御神体になっています。

今から約二千年前。第十代崇神《すじん》天皇の御代、当時天皇の御殿には、天照大御神と倭大国魂神《やまとおおくにたまのかみ》の二柱の神がお祭りされていました。しかし、国中に疫病が蔓延し国民の多くが死に絶え、豪族の中に反逆するものも現れました。天皇はどうしてだろうと占いをされると、「皇居の外の最も良い所で祀りなさい」と御託宣《ごたくせん》がありました。そこで天皇は大和の笠縫邑《かさぬいのむら》に天照大御神をお祀りし、皇女の豊鍬入姫命《とよすきいりひめのみこと》が日夜御奉仕されました。

第十一代垂仁《すいにん》天皇の御代、豊鍬入姫命はその御役目を皇女の倭姫命《やまとひめのみこと》に託し、倭姫命はさらに良い宮地を求めて旅に出られました。大和、伊賀、近江、美濃の国と巡られ、伊勢の国に入られました。

垂仁天皇二十六年、度会《わたらい》の宇治の五十鈴川の川上に来られ、大御神の御託宣により、ここを大御神の御神慮に最もかなった大宮地と定められました。こうして天照大御神は伊勢の国、皇大神宮に御鎮

朝熊山から夕日に染まる雲海の山々を見る。

座されました。

さらに、天照大御神が御鎮座なさってから五百年後、第二十一代雄略《ゆうりゃく》天皇の御代。雄略天皇の御夢に天照大御神があらわれて、「丹波の国の比治《ひじ》に祀られている豊受大御神を御饌都神《みけつかみ》として近くに呼んでほしい。一人ではお食事も安心していただけない」と神示がありました。

そこで、天皇は豊受大御神を伊勢の度会の山田原にお迎えし、お宮を建てられました。これが、豊受大神宮(外宮)です。

慶光院《けいこういん》による式年遷宮の復興

今から約千三百年前、持統天皇の御代。二十年に一度新しい神殿や御装束神宝を新調する式年遷宮が始まります。式年遷宮は「皇家第一の重事」として続けられていましたが、南北朝から室町時代にかけて戦国の世となり、神宮も荒廃。式年遷宮は百三十年間もの間、中断されてしまいます。

そこで、宇治橋の架け替えを通して、遷宮復興に尽力したのが慶光院の尼僧たちでした。慶光院の尼僧たちは全国を勧進。神宮の惨状を広く人々に伝え、遷宮復興の大きな力となりました。ちなみに慶光院は現在も、おはらい町にある神宮祭主職舎として残っています。『大御神様に申し訳ない』という慶光院上人の呼びかけに応じて、天皇をはじめ、織田信長、豊臣秀吉、徳川家康らの権力者も感銘し、造営費を寄進。

永禄六年(一五六三)、外宮第四十回式年遷宮から御遷宮が復興し、天正十三年(一五八五)、両宮で第四十一回式年遷宮が復興しました。そして、慶長八年(一六〇三)には家康が両宮の造営費として三万石を寄進。以後、式年遷宮は順調に行われるようになりました。

雪の朝、やがて雲が晴れ、鳥居の間に神々しい太陽が現れた。

神宮徴古館蔵

御師《おんし》の活躍

　江戸時代に入ってからは、神宮に認められた御師《おんし》と呼ばれる神職が活躍を始めます。当時、御師は全国から集まってくる参拝者のお祓いや御祈祷をしていました。さらに御師は全国各地にも出向き、神宮の大麻（御神札）を配ったり、御祈祷をあげたりもしました。そして神宮暦や伊勢土産を片手に毎年訪れ、御師を「師」と呼び、祈祷を頼む人を「檀那」と呼ぶ師檀関係《しだんかんけい》が生まれるようになります。

　最初は武士や豪農から奉納寄進を取次したり、参宮を勧めていましたが、そのうちに民衆レベルでもその動きが広まり、民衆の中にも伊勢参りへの憧れが生まれてきました。

　そこで誕生したのが「伊勢講《いせこう》」です。これは地域の代表が参宮する費用を全員で積み立てるという制度で、抽選で決められた人が全員の「代参《だいさん》」として、参拝してくるというものです。

　当時は交通事情が悪く、徒歩で移動をするために危険も伴い、参宮にも多額の費用がかかりました。だから、このように代表を立てることで、今年の実りに感謝し、豊作を祈ったのです。

おかげ参りがブームに

　しかし、代参で参宮した人の喜びが地域に広まることで、自分もそれにあやかりたいという思いが人々の中に募り、伊勢参りは「おかげ参り」という爆発的なブームを迎えます。特に六十年周期でブームが起こったことから、これを「おかげ年」と呼び、参拝者は数百万人規模にも膨れ上がりました。また、奉公人などがある日突然に失踪して伊勢に向かう人々も現れました。これを「抜け参り」といいます。

　ブームの背景には、幕府をはじめに人々の伊勢に対する特別な思いが関係しています。当時、庶民の移動には関所が厳しく目を光らせていましたが、伊勢参りに関してはほとんど許される風潮があったのです。さらに、伊勢参りとあらば、街道の人たちがそれをサポートするという心意気が広がり、無一文で飛び出した抜け参りの人も、無事伊勢にたどり着くことが出来たのです。ちなみに、抜け参りの人々は伊勢に参拝した証拠を持ち帰ることで許されたそうです。

　また、伊勢の人々たちの温かいもてなしもありました。これは「施行《せぎょう》」と呼ばれ、自分の施しが神様に届くようにと、旅人たちを物・心の両面で支えるというものです。この心は今でも伊勢の人々の中に活きています。

　御師の制度は明治になって廃止されましたが、伊勢の信仰を全国各地に広めた功績は大きいといえるでしょう。

神宮を楽しく学ぶ！

もっと神宮を深く知るために

伊勢市倉田山には多くの神宮文化施設があります。皇學館大学もすぐ前にある文教地区で、神宮について深く学ぶには最適の場所です。倭姫宮参拝の折に、立ち寄ってみましょう。

神宮美術館

神宮司庁提供

平成5年の第61回式年遷宮を記念して創設された式年遷宮記念神宮美術館。「日本の美術工芸の歩みを展望できる美の殿堂」をめざし、式年遷宮に際してその時代を代表する美術・工芸家から奉納された絵画や書、彫塑、工芸を収蔵・展示しています。静かな館内からは庭と池が見渡せ、とても心が安らぐ空間です。

伊勢市神田久志本町1754-1　☎0596-22-5533
開　9:00～16:30（入館16:00）
休　月曜日（祝日の場合はその翌日）、年末、臨時休館あり
入　500円（神宮美術館、神宮徴古館、神宮農業館共通券700円）

神宮徴古《ちょうこ》館

神宮司庁提供

明治30年代、財団法人「神苑会」により企画され、有栖川宮を総裁に国家事業で進められて明治42年に完成した日本最初の私立博物館。明治44年に神宮に奉納されました。式年遷宮で撤下された御装束神宝をはじめ、神宮の歴史、奉賛、参宮に関わる資料、また社殿建築の模型などを収蔵・展示しています。設計は迎賓館などを手がけた片山東熊。

伊勢市神田久志本町1754-1　☎0596-22-1700
開　9:00～16:30（入館16:00）
休　月曜日（祝日の場合はその翌日）、年末、臨時休館あり
入　神宮農業館と共通300円

神宮文庫

神宮司庁提供

神宮が運営する図書館です。神宮関係の古文書、歴史、文学や地誌などを収蔵。古来、内宮と外宮の宮域内には文殿《ぶんでん》、神庫《しんこ》という書物を納める施設がありましたが、現在この蔵書は神宮文庫にあります。風格ある門は、「神宮文庫の黒門」と呼ばれ、江戸時代に活躍した御師、福島御塩焼大夫の屋敷の門を移転したものです。

伊勢市神田久志本町1711　☎0596-22-2737
開　9:00～16:00（図書閲覧日　木・金・土曜日）
休　日曜日、祝日、年末年始（1/29～1/7）
入　閲覧無料

神宮農業館

神宮司庁提供

明治24年、神苑会が外宮前に創設したものを明治38年倉田山に移転。神宮美術館の場所にあったものを平成8年に復元・再開しました。人間と自然の産物との関わりをテーマにした日本で最初の産業博物館であり、神饌や御料に関する資料、明治時代の産業資料などを展示しています。設計は片山東熊で、平等院鳳凰堂をイメージした木造建築です。

伊勢市神田久志本町1754-1　☎0596-22-1700
開　9:00～16:30（入館16:00）
休　月曜日（祝日の場合はその翌日）、年末、臨時休館あり
入　神宮徴古館と共通300円

第四章
神宮
参拝ガイド

神社ファンたちの巡礼コースを紹介！

ゆったり参拝モデルコース

気合いを入れて参拝旅行に行きたいけど、どういう順路でいいか分からない人は、
こんなコースはいかがでしょうか？　別宮は離れたところも多いので、
タクシーや、レンタカーの利用が便利ですが、公共の交通機関を使ったコースを考えました。

1日 日帰りコース

外宮・内宮をお参りする基本コースです。他のコースに比べ、朝一番に出発するハードなコースですが、時間的に厳しければ両正宮のみの参拝を。

9:30 伊勢市駅
伊勢市駅に到着。まず、駅のロッカーに荷物を預けて外宮へ。

→

9:40 豊受大神宮（外宮）
外宮に着いたらお手水をして宮域内に入ります。宮域内のオススメコースはP44へ。御神楽をあげるのもオススメ。

11:30 皇大神宮（内宮）
バスで約30分で内宮へ。宇治橋を渡って宮域内に入ります。宮域内のオススメコースはP67へ。御神楽をあげるのもオススメ。

→

14:00 昼食または休憩

→

15:15 月讀宮
内宮からバスで15分の月讀宮へ。月讀宮、月読荒御魂宮、伊佐奈岐宮、伊佐奈弥宮の順で参拝します。

→

16:30 五十鈴川駅
月讀宮から徒歩約10分で五十鈴川駅へ到着。

1泊2日コース

時間に追われずにゆったりと外宮、内宮を参拝。特に気持ちいい内宮に早朝参拝することを重視したコースです。

1日目

→

13:00 伊勢市駅
伊勢市駅に到着。まず、駅のロッカーに荷物を預けて外宮へ。

13:10 豊受大神宮（外宮）
外宮に着いたらお手水をして宮域内に入ります。宮域内のオススメコースはP44へ。御神楽をあげるのもオススメ。

→

15:10 別宮月夜見宮
外宮より歩いて5～10分の月夜見宮へ参拝。

→

2日目

→

6:30 皇大神宮（内宮）
内宮に着いたら、宇治橋を渡って宮域内に入ります。宮域内のオススメコースはP67へ。御神楽をあげるのもオススメ。

9:00 朝食または休憩

→

10:15 月讀宮
内宮からバスで15分の月讀宮へ。月讀宮、月読荒御魂宮、伊佐奈岐宮、伊佐奈弥宮の順で参拝します。

→

12:00 五十鈴川駅
月讀宮から徒歩約10分で五十鈴川駅。ここから近鉄鳥羽線・鳥羽志摩方面に乗り、上之郷駅で下車。所要時間は約40分です。

→

13:00 伊雑宮
上之郷駅から徒歩約5分で伊雑宮です。

＊所要時間はすべて目安です。待ち時間等は含まれません。電車やバスの時間は各自でお調べ下さい。

2泊3日コース

気持ちいい内宮の早朝参拝することを重視したコースです。遥宮（とおのみや）といわれる伊雑宮、瀧原宮は通常タクシーかレンタカー利用でないと行きにくい場所ですが、3日間あれば電車とバスでもスケジュールがゆったりとれます。自分の体力に合わせてスケジュールを調整してみてください。ただし、電車やバスの本数は少ないので、必ず事前に調べておきましょう。

1日目

13:00 伊勢市駅
伊勢市駅に到着。まず、駅のロッカーに荷物を預けて外宮へ。

13:10 豊受大神宮（外宮）
外宮に着いたらお手水をして宮域内に入ります。宮域内のオススメコースはP44へ。御神楽をあげるのもオススメ。

15:10 別宮月夜見宮
外宮より歩いて5〜10分の月夜見宮へ参拝。

2日目

6:30 皇大神宮（内宮）
内宮に着いたら、宇治橋を渡って宮域内に入ります。宮域内のオススメコースはP67へ。御神楽をあげるのもオススメ。

9:00 朝食または休憩

10:15 月讀宮
内宮からバスで15分の月讀宮へ。月讀宮、月読荒御魂宮、伊佐奈岐宮、伊佐奈弥宮の順で参拝します。

12:00 五十鈴川駅
月讀宮から徒歩約10分で五十鈴川駅です。ここから近鉄鳥羽線・鳥羽志摩方面に乗り、上之郷駅で下車。所要時間は約40分。

13:00 伊雑宮
上之郷駅から徒歩約5分で伊雑宮へ到着。伊雑宮をゆっくり参拝します。この後、鳥羽や志摩方面に宿泊するのも良いでしょう。

3日目

8:00 倭姫宮
伊勢市または宇治山田駅からバスで約10分。倉田山も自然が豊かで素敵なところです。

9:00 神宮徴古館
日本最初の私立博物館。御装束・御神宝をはじめ、御正宮の模型などの展示物を見学。

10:00 神宮美術館
式年遷宮に際して、美術・工芸家から奉納された絵画・書などの収蔵・展示物を見学。

11:00 宇治山田駅または伊勢市駅
近鉄線で松坂駅まで行き、南紀特急バスで瀧原宮へ。バスの本数が少ないので事前に調べておきましょう。

13:00 瀧原宮
深い森に鎮座する瀧原宮と瀧原竝宮。美しい自然に時間が経つのを忘れます。帰りのバスの時刻は必ず事前にチェックを。

これだけは知っておきたい！

ワンランク上の参拝を目指す！

参拝の心得10カ条

観光でなく、参拝目的で伺うなら日々の感謝を捧げ、穏やかに気持ちよく参拝したいものです。

しかし、正しい参拝方法は大切なのに、意外と知らないもの。

ここでは、参拝通が見てもスマートな参拝の心得を紹介します。

是非、同行者にも教えてあげてください。

1 参拝の服装

観光ではなく、参拝を目的にして行く場合はラフな格好は避け、きちんとした服装で出かけたいもの。また、神域の繊細な香りを感じるためにも香水はやめ、肌の露出も避けましょう。参道は玉砂利が敷いてあるので、ピンヒールやミュールは危険です。ローヒールの歩きやすい靴を選びましょう。なお、御神楽、御饌などの御祈祷はなるべくフォーマルな服装で。弔事に着用した礼服や服飾品などは不適とされています。

2 外宮・内宮のロッカールーム

遠方から電車で来られる方は、泊まりの方も多く、大きな荷物があることと思います。ですが、宮域内は広いので大きな荷物を持ったままではゆったりとした参拝が出来にくいもの。外宮は伊勢市駅、宇治山田駅ともにコインロッカーがあるので、そこで預けるといいでしょう。内宮は入口の衛士見張所の裏にもあります。

3 駐車場の心得

神宮へ車で向かう人は、車中からすでに参拝は始まっています。駐車場では無事辿り着いたことを感謝し、穏やかな気持ちで心を神様に向けましょう。また、駐車場は台数が限られていますので、土日や祝日は混雑します。順番待ちしているときにも穏やかな気持ちで、譲り合いの精神を大切に。

4 御神前では帽子をとりましょう

御神前で帽子をかぶりながら参拝している人を見かけますが、御神前での脱帽は常識ですので、帽子は必ずとりましょう。また、参道わきの森は禁足地です。参道から外れて勝手に森に入らないように注意してください。

5 携帯電話の電源は切りましょう

神宮は観光地でなく、信仰の場所です。大切なお祭りの最中のこともあれば、真剣にお祈りしている参拝者もいらっしゃいます。最低でもマナーモード、できれば電源を切りましょう。

6 お賽銭を入れる

お賽銭は投げ入れずに、そっと静かに入れてください。「ご縁がありますように」と五円玉を入れる人が多いのですが、ご縁＝五円と言っていた時代とは貨幣価値が違います。もちろん金額の大小ではないですが、心を込めて、できれば新札のお札をのし袋にいれてお供えするのが丁寧です。

7 御神前にて

御正宮の板垣南御門をくぐり、外玉垣南御門の前に来たら、お賽銭を入れ、二拝二拍手一拝で参拝をします。大声で祝詞をあげたり、お経をあげたりする人もたまに見かけますが、周りの迷惑なので静かにお参りしましょう。また、御門の前は混雑しますので、二拝二拍手一拝したら次の人に譲り、端に寄ってお祈りをしましょう。

8 御神札、お守りについて

勘違いをしている人が多いのが、御神札やお守りのこと。御神札やお守りは売り物ではありません。神様から授与されるお下がりのことです。それに対して「志」をお納めし、「授与所」にていただくものなのです。よく「お守りを買う」といいますが、「お守りを授与していただく」という表現が正しいのです。

9 フラッシュをたかないで

運が良ければ皇室から牽進された神馬（しんめ）に、出会えるかもしれません。ただし、写真撮影をする場合は、フラッシュは厳禁。大勢の人がフラッシュを浴びせることで、神馬はストレスをかかえてしまいます。静かに見守ってあげるよう、心がけましょう。

10 神域の生きものを大切に

神域にいる鳥や蝶、植物は神様のお使いのようなもの。神域の動植物を愛で、優しい心で接したいものです。耳を澄ませば野鳥がさえずり、目を凝らすと様々な昆虫たちがそこにいます。参道を懸命に横断しようとするカマキリを思いやり、アゲハ蝶の舞を賛美する。そんな穏やかな心で神域に立ちたいものです。ただ、神域だから大切にするのでなく、ふだんから生きものを尊敬する気持ちを大切に。神様から見たら人間と同じくらい、生きものを愛しているかもしれません。

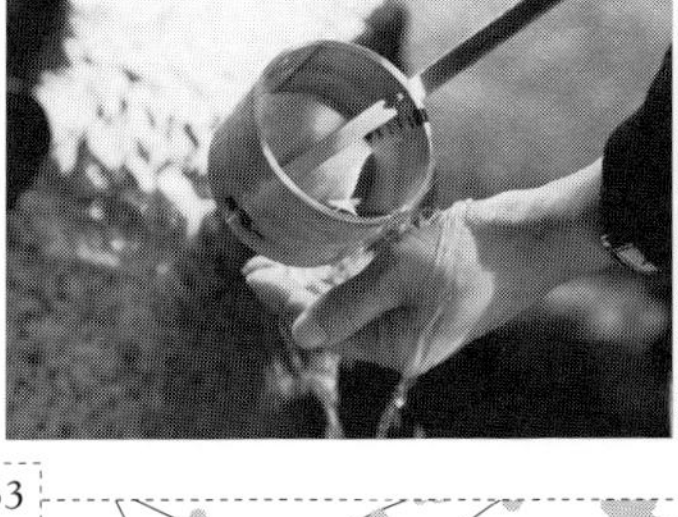

参拝の作法

お手水の作法

御神前で参拝する前に、お手水によって俗界のけがれを落とします。いわゆる「禊ぎ」に通じることで、清浄な水で心身を清めます。

1

左手を清める

まず、備えられている柄杓を右手にとって水を汲み、左手にその水を注ぎ、洗い清めます。

2

右手を清める

柄杓を左手に持ち替えて、右手に注いで手を洗い清めます。

3

口をすすぐ

両手を洗い清めたら、柄杓を右手に持ち替え、左の手のひらにひと口分の水を受け、口をすすぎます。柄杓に直接口を付けないように注意。

4

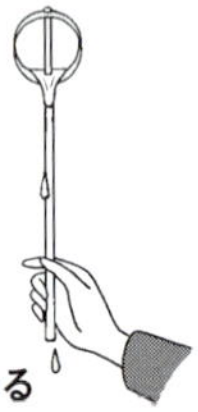

柄杓を清める

水をもう一度左手に流します。次の人のことを考え、最後に柄杓を立てて残った水で柄の部分を洗い清めます。

5

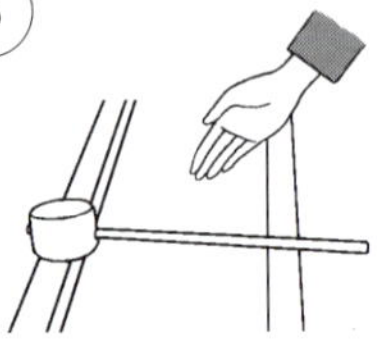

柄杓を元通りに

最後に柄杓を元の位置にきちんと伏せて戻します。

二拝二拍手一拝の作法

頭を下げておじぎをするのが「拝」。両手を打ち合わせるのが「拍手」。神社の拝礼は二拝二拍手一拝が基本です。御神前が混雑しているときや、お祈りを長くしたいときは二拝二拍手一拝をして、端によってからお祈りをしましょう。

1

御神前に立つ

神前にまっすぐに立ち、心を落ち着かせてから前に進み、姿勢を正します。

2

「拝」を2回

背筋を伸ばしたまま、90度に腰を折って2回おじぎをします。

3

手のひらを合わせる

「拝」を済ませたら、両手を胸の高さまで上げて手のひらを合わせます。

4

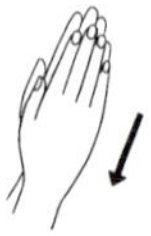

右手を下にずらし、「二拍手」

右手を少し下にずらし、両手を肩幅ぐらいに開いてから2回、手を打ち合わせます。

5

手を合わせる

手を打ち終えたら、右手を元に戻し、手を合わせたまま指先を揃えて静かに祈ります。

6

最後に「一拝」

最後にもう一度90度に腰を折り、1回おじぎをします。以上で拝礼は終了。静かに御神前を離れます。

神宮会館

鳥羽や志摩にはたくさん宿はあるものの、伊勢市内には意外と少ない宿泊施設。中でも参拝をメインに考えると、外せないのが神宮会館です。宇治橋の入口まで近いので、早朝参拝にも便利です。

上／神宮会館外観　下／本館バストイレ付和室

神宮会館

伊勢市宇治中之切町152
☎0596-22-0001
近鉄宇治山田駅から内宮行きのバスで約15分。「神宮会館前」下車。車は宿泊者は無料。

神宮唯一の崇敬組織、伊勢神宮崇敬会が運営する宿。内宮に一番近い宿で、宇治橋の入口まで徒歩約五分、おかげ横丁も徒歩一分という便利さです。

崇敬会の会員ではなくても、誰でも泊まれるため、休前日の宿泊はすぐ埋まってしまうほどの人気。早めの予約がおすすめです。

神宮会館に泊まる場合、伊勢に着いたその日は外宮に参拝し、翌日早朝に神宮会館から歩いて内宮に向かうという理想のコースが実現可能です。一人で宿泊する人も多く、まさに参拝目的には最適な宿といえるでしょう。

神宮会館といえば『早朝参拝案内』が有名です。早朝の清々しい参道を歩きながら、職員の人が神域内を案内してくれるのです。初めての神宮参拝で不安な人には嬉しい心配り。チェックイン時にフロントで申し込み、翌朝六時三十分に集合。約二キロの行程を一時間五十分かけて案内していただけます。平成十年には年間六百七十七人だった参加者が、平成二十一年度には七千七百十四人。十倍になるほどの大人気。これを目的に宿泊する人もいるそうです。

さて、部屋のタイプですが、本館と西館に分かれます。本館は洋室か和室でバストイレ付。西館はすべて和室でバストイレ共なしですが、大浴場があるので、リーズナブルに泊まりたい人は西館がいいでしょう。宿泊料金は一泊二食付で、本館が九千四百五十円から。西館が七千三百五十円から。素泊まりも可能です。

注目はどの部屋に泊まっても、テレビで神宮の案内ビデオが見れる点。このビデオ、すごく分かりやすくておすすめです。

なお、一階ロビーの売店には伊勢土産や神宮に関する書籍や写真集が販売されており、神宮会館のオリジナル写真集もあります。

おはらい町＆おかげ横丁の歴史

参拝が終わったら、直会という意味でおはらい町へ。たくさんのお土産屋やお食事処が有名ですが、神宮ととても縁の深い場所であり、祭主職舎である旧慶光院や神宮道場なども点在する歴史ある町なのです。

御師が活躍したおはらい町

「伊勢に行きたい、伊勢路が見たい、せめて一生に一度でも」と全国各地から伊勢を目指したおかげ参り。江戸時代には全人口の五人に一人は参拝したという時期もあり、まさに伊勢は一生に一度は訪れたい庶民の憧れの場所でした。

当時、御師（おんし）という神職が、全国から集まってくる参拝者のお祓いや御祈祷をしていました。

参拝者は御師の紹介または経営する宿に泊まり、参拝の仕方等を教わっていたといいます。その数、最盛期で八百軒。御師は参拝者を手厚く世話をし、現在でいう旅行代理店のような役割も果たしていました。この内宮前の門前町も多くの御師が神楽殿を構え、お祓いや御祈祷、御神楽をあげていたため、そこから「おはらい町」という名称で呼ばれるようになりました。

現在、宇治橋から五十鈴川沿いに続く約八百メートルの石畳には伊勢特有の切妻屋根・入母屋屋根、妻入り様式の建物が並び、お食事をしたり、お土産を買うのに大変便利です。

さて、その門前町の真ん中に、平成五年にオープンした「おかげ横丁」があります。経営母体である赤福本店を中心に、江戸期から明治期にかけての伊勢路の町並みを再現した五十四店舗が軒を連ねます。

その広さはなんと二千七百坪！三重県の老舗の味や名産品が味わえ、参宮の歴史や風習を知ることができます。町の中央にある太鼓櫓では毎日神恩太鼓が太鼓の演奏をし、昔懐かしい射的や輪投げで楽しんだり、紙芝居の上演があったりと、お祭り気分を存分に味わえる空間になっています。

ただ、おはらい町で飲食をするのは参拝後にしましょう。まずは参拝。その後に直会という意味でお食事や休憩というのが参拝通のポイントです。

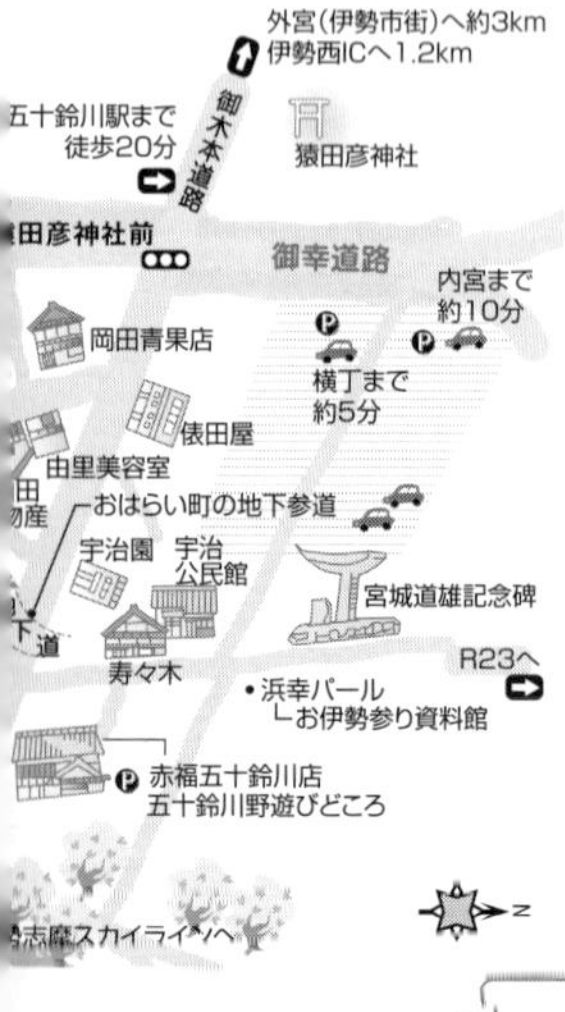

写真提供／おかげ横丁

すし久

心にしみる懐かしい田舎料理

伊勢志摩の田舎料理が味わえる店。人気の料理は「てこね寿し」1,050円。秘伝の醤油に漬けたカツオの切り身を酢飯にのせたもので、この地方の漁師料理です。また、伊勢芋を使った「麦とろろ膳」1,890円、サクサクの海老フライも絶品。創業は天保年間。明治2年（1869）の遷宮時に出た宇治橋の古材で建てられたという建物は、神宮の古材を下賜された民間で唯一の例だそうです。

三重県伊勢市宇治中之切町20（おかげ横丁内）

☎0596-27-0229　営11:00～19:30（火曜日・毎月朔日は～16:30まで）／毎月朔日は朝粥4:45～7:30（なくなり次第、終了）

くみひも平井

くみひもの伝統文化を学ぶ

奈良時代、仏教伝来とともに大陸から伝えられたという「くみひも」。絹糸織物の歴史より古いといわれる紐は、絹糸をおもに金糸・銀糸などを使い、伝統的な手法で組み上げられたもの。そのくみひもの老舗である平井兼蔵商店の直営店がここ。伝統の帯締めはかなり高価ですが、キーホルダーや携帯ストラップは630～1,050円位でとてもリーズナブル。本物の和テイストが特徴の店です。

三重県伊勢市宇治今在家町24

☎0596-26-2377　営9:30～18:00、～17:30（3～6、10月）、～17:00（11～2月）　無休

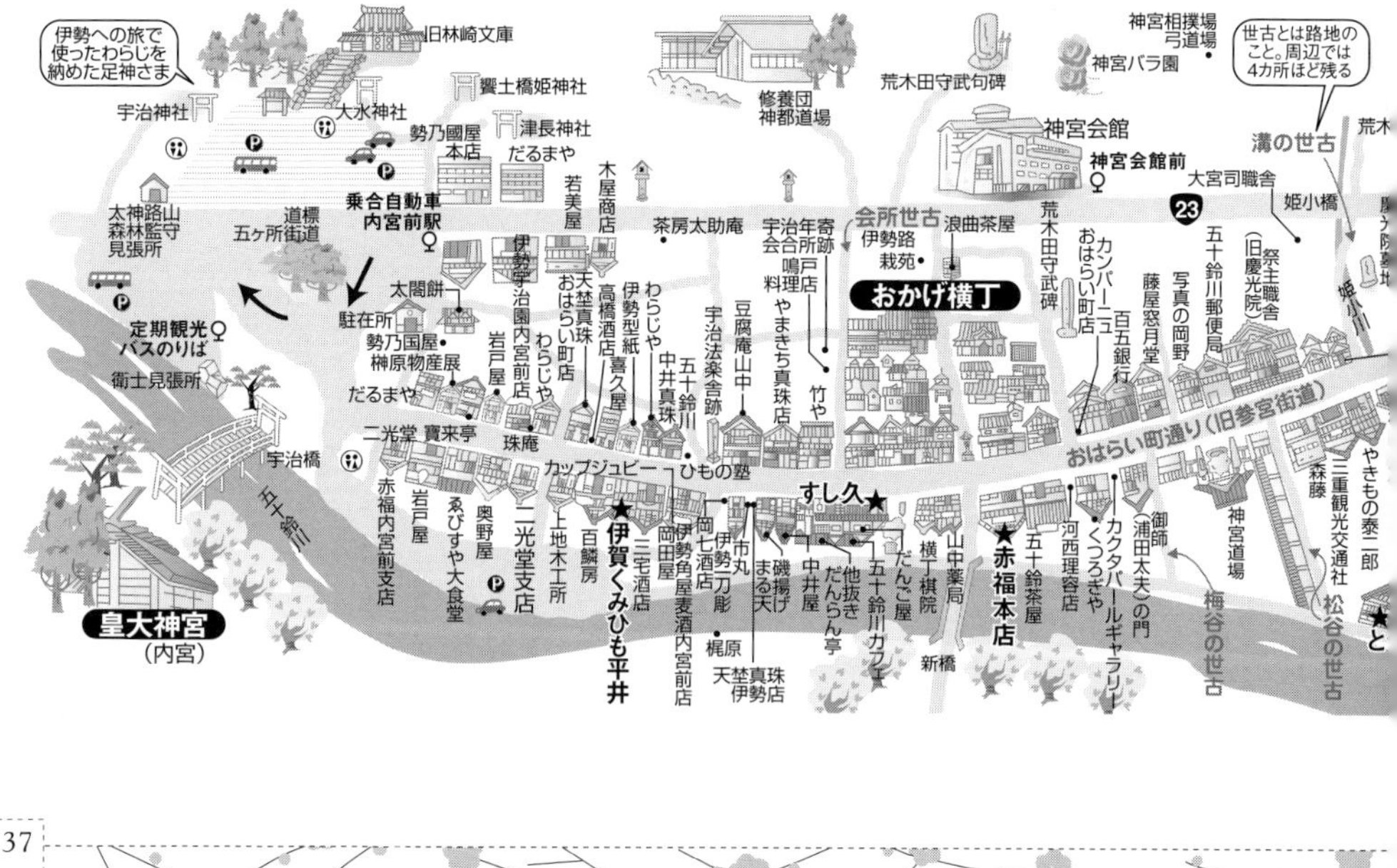

おかげ横丁を楽しく学ぶ!

江戸期から明治期の伊勢路を再現したおかげ横丁。
昔懐かしい風情を感じつつ、三重県の老舗の味や名産品を楽しみましょう。
屋根の瓦が動物の模様になっていたり、鬼瓦が宝船になっているなど遊び心に富んでいます。

赤福本店

三重県伊勢市宇治中之切町おかげ横丁内
☎0596-22-7000　営5:00～17:00　無休

赤心慶福の温かいおもてなし

誰もが知っている伊勢土産といえば赤福。創業300年の本店では、奥の座敷で五十鈴川を眺めながら、番茶と共に、つくりたての柔らかい赤福餅が味わえます。赤福餅の餡にある三筋の形は五十鈴川のせせらぎ、白い餅は川底の小石を表しているのだとか。

赤福の名前の由来は「赤心慶福(せきしんけいふく)」という言葉から。五十鈴川の清流で悪しき心を流し落とし、赤子のような偽りのない真心を持って、自分や他人の幸せを喜ぶ」という意味。神宮参拝の心のあり様を表した言葉で、とても胸に響きます。

早朝参拝の後におかげ横丁に行くと、まだほとんどの店がオープン前ですが、赤福本店だけは毎朝５時に開店。参拝時間に合わせた、そのおもてなしの心に嬉しくなります。春には軒先で縁起の良いツバメが見守り、昔ながらの日本の風情を感じられる貴重な店。

1赤福本店　2赤福別店舗　3五十鈴茶屋　4くつろぎや　5味匠館　6若松屋　7フルーツラボ　8横丁そば小西湖　9美杉郷八知玉屋　10傳兵衛　11貝新水谷新九郎　12神路屋　13宮忠　14みえぎょれん販売　15志州ひらき屋　16吉兆招福亭　17孫の屋三太　18横丁焼の店　19おかげ座　20つぼや　21季節屋台　22灯りの店　23しろがね屋　24御木本眞珠島店　25はいからさん　26大黒ホール　27伊勢路名産味の館　28海老丸　29ばん茶茶屋　30豚捨　31山口誓子俳句館　32徳力富吉郎版画館　33団五郎茶屋　34銭屋　35太鼓櫓　36ふくすけ　37おみやげや　38もめんや藍　39伊勢萬内宮前酒造場　40晩酌屋久兵衛　41横丁棋院　42すし久　43だんご屋　44五十鈴川カフェ　45他抜きだんらん亭　46くみひも平井　47とうふや　48桝や　平成和ざんまい　49伊勢[illegible]　50伊勢角屋麦酒内宮前店　51浪曲茶屋

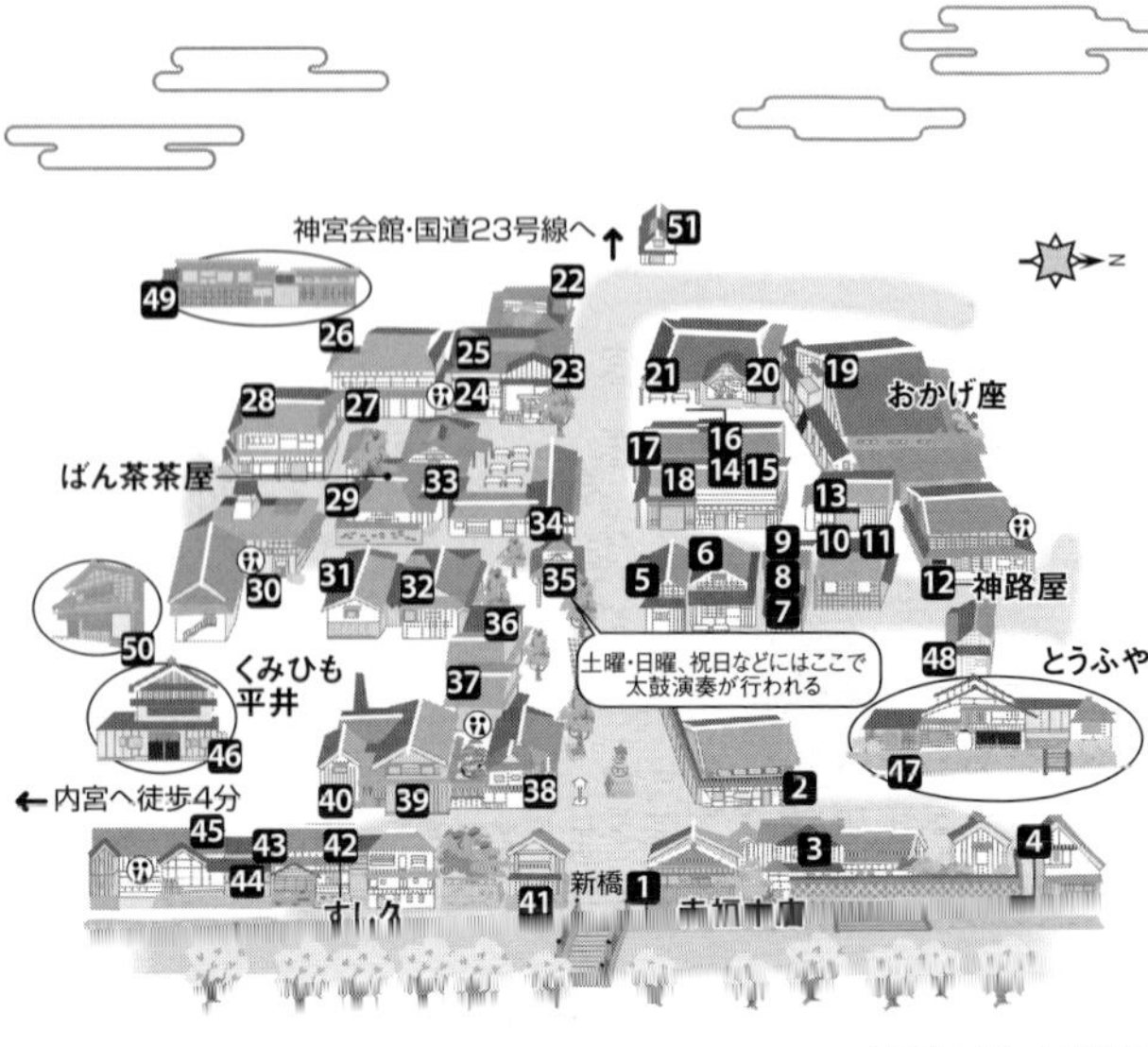

写真提供／赤福、おかげ横丁

ばん茶茶屋

なかなか飲めない在来種茶

今や日本に３％しか残っていないという、品種改良をしていない“在来種”のお茶を集めたお茶の専門店です。農薬や化学肥料を使っていないので、ツンツンとした渋みもなく、口あたりもまろやか。山奥に点在する自生した茶樹を天日で干した「ばんばら茶」50g／730円、樹齢100年以上の在来種の茶葉を使用した「秋ばん茶」100g／1,000円など繊細で豊かな味わいを体感できます。

三重県伊勢市宇治中之切町おかげ横丁内

☎0596-23-8838（おかげ横丁総合案内）　営9:30〜18:00、〜17:30（3〜6、10月）、〜17:00（11〜2月）　無休

とうふや

作り立て豆腐と天然穴子が美味!

五十鈴川の川沿いにある風流な食事処。自家製の豆腐は、国産大豆と天然にがりを原料に毎日手作りしている。濃厚で品のある風味が印象的です。

また、この店のもう一つのおすすめが、天然穴子を使った料理。「あなご丼」1,200円や「ひつまぶし風あなご重膳」（並）2,000円など、ふっくらして身の締まった天然穴子の旨味はクセになる味わい。

三重県伊勢市宇治浦田1-4-1

☎0596-28-1028　営11:00〜14:00、17:00〜20:00（土日祝は11:00〜20:00）　毎月1日、毎週水曜の夜間営業はお休み

神路屋

伊勢の伝統工芸を学ぶ

伊勢の伝統工芸品をはじめ、洒落た伊勢土産を買うならこの店へ。伊勢型紙、伊勢玩具、伊勢根付、伊勢和紙など昔ながらの参宮土産が揃っています。また、伊賀焼き、尾鷲わっぱから那智黒石まで、三重県全域の工芸品も充実。眺めているだけで、伝統工芸について学べます。

商売繁盛「財布守り」350円や、おかげ干支みくじ300円など、神路屋オリジナル和雑貨も人気。

三重県伊勢市宇治中之切町おかげ横丁内

☎0596-23-8822　営9:30〜18:00、〜17:30（3〜6、10月）、〜17:00（11〜2月）　無休

おかげ座

リアルな町並みのジオラマ

江戸時代に大流行した「おかげ参り」の様子を楽しく学べる歴史館。なかでも当時を縮尺模型で再現した町並みのジオラマは、参宮ブームに沸いた伊勢の人々の様子が分かります。また、当時は「施行」といい、伊勢参りの街道沿いの住人が無償で行った施しがあり、お金がない人には握り飯がふるまわれ、わらじの無料配布もあったそう。おかげ参りを支えた、そんな人々の心意気にも触れられます。

三重県伊勢市宇治中之切町おかげ横丁内

☎0596-23-8844　営10:00〜17:30、〜17:00（3〜6、10月）、〜16:30（11〜2月）　無休

朔日《ついたち》参りという参拝

月の初めに神宮へ参拝し、
新しい月の無事を祈る朔日参り。
伊勢人に混じり、
こんなお参りの仕方もいかがでしょう？

神馬牽参《しんめけんざん》

皇室から牽進《けんしん》された神馬《しんめ》は、内宮と外宮で二頭ずついます。

神宮では毎月一日、十一日、二十一日の朝には神職に付き添われ、神馬が御正宮へお参りする神馬牽参《しんめけんざん》が行われています。菊の御紋が入った衣装をつけて、御正宮(内宮と外宮)をお参りする姿は、さすが神様に仕える馬としての風格です。

朔日参りと八朔参宮

伊勢には毎月一日の早朝に神宮へ参拝し、無事に過ぎた一カ月間の感謝を捧げるとともに、新しい月の無事を祈る「朔日《ついたち》参り」の風習があります。毎月一日になると、内宮前のおかげ横丁ではお店を早くから開け、赤福本店では朔日参りの日限定の「朔日餅《ついたちもち》」を販売。すし久や海老丸などでは「朔日粥《ついたちがゆ》」が食べられます。また、神馬牽参に合わせるように、毎月一日、十一日、二十一日にお参りする人もいるようです。

さらに朔日参りの中でも八月一日は「八朔参宮《はっさくさんぐう》」と言われ、五穀豊穣や無病息災をお祈りする習わしがあります。この八朔参宮の習慣を残していこうと市民が集まり、平成九年から「ゆかたで千人お参り」を開催しています。

毎年八月一日の夕方になると、参道の一部や周辺の道路が燈籠でライトアップされ、外宮と月夜見宮に夜間参拝することができます。その名の通り、浴衣で参拝する風景は庶民的な雰囲気を持つ夏の風物詩になっています。

内宮と外宮に二頭ずついる神馬。毎月1、11、21日の朝になると神職に付き添われて御正宮へお参りする。

8月1日に外宮で行われる「ゆかたで千人お参り」。外宮前の門前町が賑やかになる。

外宮にぎわい会議事務局提供

2月

立春大吉餅《りっしゅんだいきちもち》

節分の豆まきと立春にちなんだ豆大福。黒大豆と、大豆の二種類の豆餅の食感が感動的。

3月

よもぎもち

女児の成長を祝う桃の節句にちなんだ餅菓子。香り高いよもぎの生地でつぶ餡を包んでいる。

朔日参りの後のお楽しみ！

赤福の朔日餅

赤福が昭和53年（1978）に作り始めた朔日餅。

朔日参りの参拝者をもてなそうと、元旦を除く毎月1日限定で販売しています。もちろん、店内で食べることも可能で、その餅菓子に合うお茶を毎月変えているのも粋です。

朝早く行かないと売切れてしまうので、開店時から多くの人が訪れます。当日は午前3時30分より整理券を配り、午前4時45分から発売。

なお、予約購入もできます。

写真提供／赤福

赤福本店

三重県伊勢市宇治中之切町おかげ横丁内
☎0596-22-7000
http://www.akafuku.co.jp/

4月

さくら餅

ほのかな桜色に染められた餅米でこし餡をくるみ、選びぬかれたさくらの葉で包み込んだ春らしい餅。

5月

かしわ餅

葉の形がお参りの際の柏手に似ているところから、子孫繁栄を祈るという縁起のいい餅菓子。

6月

麦手餅

麦刈りの豊作感謝で作られた麦手餅。餅麦粉が入った餅で黒砂糖の餡を包み、麦粉をまぶしたもの。

7月

竹流し

夏といえば竹流し。しかし、赤福の竹流しは赤福の餡を使ったという、ファンにはたまらない味。

8月

八朔粟餅《はっさくあわもち》

記念すべき八朔参宮日には、歯応えのいい粟（あわ）餅。昔ながらの黒糖こし餡をのせている。

9月

萩の餅

ほんのり塩味の「おはぎ」。おはぎは小豆のつぶ餡の色や形を、萩の花にみたてたのが由来。

10月

栗餅

栗飯や栗菓子を食べた重陽の節句。栗餡をつぶつぶの餅米で包み、栗ようかんがのっている。

11月

ゑびす餅

「ゑびす講」がある11月に商売繁盛を願う餅。黒糖と柚子、二種類の風味を楽しめる。

12月

雪餅

もろこし粉入りの餅生地でこし餡を包んだもの。餅粉でうっすら雪化粧した大地を演出。

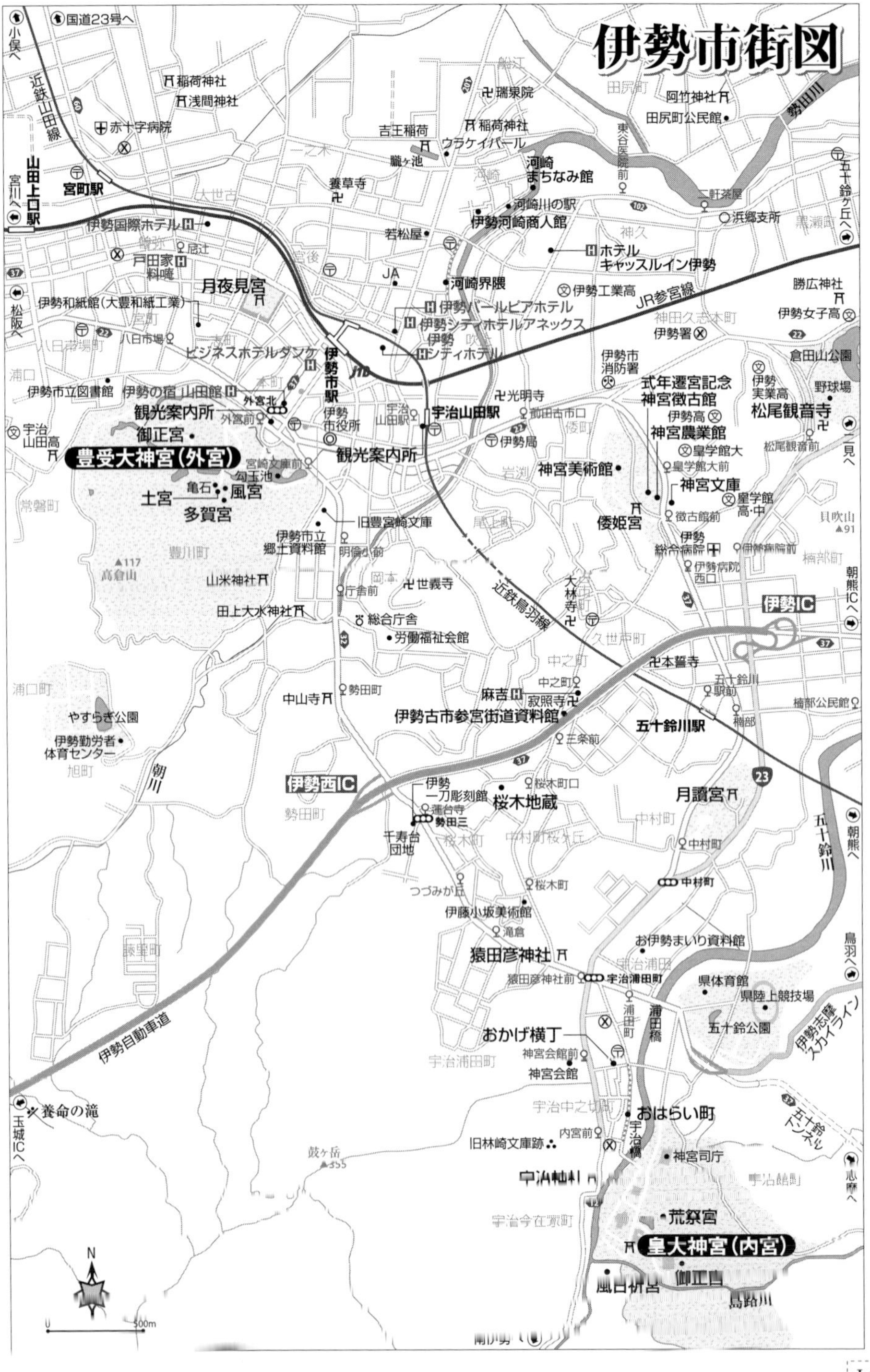
伊勢市街図
国道23号へ
小俣へ
近鉄山田線
山田上口駅
宮川へ
宮町駅
稲荷神社
浅間神社
赤十字病院
瑞泉院
稲荷神社
吉王稲荷
ウラケイパール
朧ヶ池
養草寺
河崎まちなみ館
河崎川の駅
伊勢河崎商人館
若松屋
阿竹神社
田尻町公民館
田尻町
勢田川
東谷医院前
二軒茶屋
浜郷支所
五十鈴ケ丘へ
黒瀬町
伊勢国際ホテル
戸田家料亭
ホテルキャッスルイン伊勢
JA
河崎界隈
月夜見宮
伊勢和紙館（大豊和紙工業）
伊勢パールピアホテル
伊勢シティホテルアネックス
シティホテル
ビジネスホテルダンケ
伊勢工業高
JR参宮線
勝広神社
伊勢女子高
神田久志本町
伊勢署
倉田山公園
松阪へ
八日市場
伊勢市駅
伊勢市立図書館
伊勢の宿 山田館
外宮北
観光案内所
外宮前
御正宮
豊受大神宮（外宮）
宮崎文庫前
勾玉池
亀石
風宮
土宮
多賀宮
伊勢市役所
宇治山田駅
観光案内所
伊勢局
伊勢市消防署
式年遷宮記念神宮徴古館
伊勢高
神宮農業館
皇学館大
伊勢実業高
野球場
松尾観音寺
松尾観音前
二見へ
宇治山田高
光明寺
神田古市口
倭町
岩渕
神宮美術館
皇学館大前
神宮文庫
皇学館高・中
徴古館前
倭姫宮
貝吹山
▲91
常磐町
旧豊宮崎文庫
伊勢市立郷土資料館
明倫小前
尾上町
伊勢総合病院
伊勢病院西口
楠部町
朝熊ICへ
▲117
高倉山
豊川町
山米神社
世義寺
大林寺
近鉄鳥羽線
伊勢IC
田上大水神社
庁舎前
総合庁舎
労働福祉会館
久世戸町
中之町
本誓寺
浦口町
中山寺
勢田町
麻吉
中之町
寂照寺
伊勢古市参宮街道資料館
五十鈴川駅前
楠部
楠部公民館
五十鈴川駅
やすらぎ公園
伊勢勤労者体育センター
旭町
朝川
三条前
伊勢西IC
伊勢一刀彫刻館
桜木町口
桜木地蔵
月讀宮
蓮台寺
勢田三
千寿台団地
勢田町
桜木町
中村町桜ヶ丘
中村町
中村町
朝熊へ
五十鈴川
つづみが丘
桜木町
伊藤小坂美術館
滝倉
お伊勢まいり資料館
藤里町
猿田彦神社
宇治浦田
鳥羽へ
猿田彦神社前
宇治浦田町
県体育館
県陸上競技場
浦田町
浦田橋
おかげ横丁
五十鈴公園
伊勢志摩スカイライン
伊勢自動車道
神宮会館前
神宮会館
宇治浦田町
宇治中之切町
おはらい町
五十鈴ICへ
養命の滝
玉城ICへ
内宮前
旧林崎文庫跡
宇治橋
神宮司庁
鼓ヶ岳
▲355
宇治館町
磯部へ
宇治今在家町
荒祭宮
皇大神宮（内宮）
風日祈宮
御正宮
島路川
N
0
500m

写真: Kankan(表紙カバー、前後見返し、p1-79、p84-97、p103-109、p112、p124-125、p132-133、p135、p140、p144)

文:
辰宮太一(p12-23、p90-97)
中村葉子(p24-25、p28-43、p45-63、p65-66、p70-83、p107) / ナインヘッズ
桜鱒太郎(p2-7、p44、p64、p67-69、p86-89、p98-141) / ナインヘッズ

イラスト: 宇和島太郎(p82、p134) 井上ミノル(p41)

Kankan
東京生まれ。初めての一眼は、小学生のころ手にした名機ニコマート。ネイチャーや文化を中心に、雑誌等に作品を発表している。神仏に関する写真には定評がある。この数年は、美しい野鳥の撮影に取り組んでいる。フォトムック「日本の大聖地」(小社刊・著者 / 辰宮太一)、写真集「高野山」(辰宮太一監修)、「星のや軽井沢」がある。ウェブサイト http://www.kancam.jp/

辰宮太一
東洋哲理研究家。陰陽説・五行説など、東洋哲理の集大成ともいわれる「万象学(ばんしょうがく)」宗家。神道、仏教、道教などの信仰にも通じ、わかりやすく深みのある言葉は、触れる人に気づきをもたらし、幸せにしてしまう。著書に「日本の大聖地」「元気をもらう神社旅行」(小社刊)、「開運!最上のご利益がある神社」「開運!神社めぐり」「高野山」など。万象学研究所では、開運コンサルティングも行う。
万象学研究所のウェブサイト http://www.shin-ra.com/

ナインヘッズ
神社仏閣など日本文化、オーガニックと自然環境問題を中心に様々な雑誌やムック、書籍の制作会社。ナインヘッズのウェブサイト http://www.9heads.co.jp/

参考文献
写真帳「伊勢の神宮」「神宮」「瑞垣」「第61回神宮式年遷宮」 / 神宮司庁、「宇治橋ものがたり」 / 伊勢神宮式年遷宮広報本部、「お伊勢まいり」 / 伊勢神宮崇敬会、伊勢神宮崇敬会だより「みもすそ」、「伊勢神宮ー知られざる社のうち」矢野憲一 / 角川選書、「伊勢神宮の衣食住」矢野憲一 / 角川ソフィア文庫、「伊勢神宮」櫻井勝之進 / 学生社
神宮の公式サイト http://www.isejingu.or.jp

企画制作　有限会社ナインヘッズ
装丁　松崎 理（yd）
本文デザイン　藤丸枝里子（yd）
プリンティングディレクター　燧 信之（凸版印刷）
地図製作　ジェイ・マップ

○本書の情報は平成23年2月現在のものです。
○各種データを含めた記載内容の正確さは万全を期しておりますが、
お出かけの際は、電話などで事前に確認されることをお勧めします。

本書に掲載された内容による損害などは、弊社では補償いたしかねますので、あらかじめご了承ください。
○本書の編集にあたり、関係各位に多大なご協力を賜りました。厚く御礼申し上げます。

楽学ブックス
神社 1
伊勢神宮
写 真／Kankan
編集人／金森早苗
発行人／横山裕司
発行所／JTBパブリッシング
印刷所／凸版印刷
【図書のご注文は】
JTBパブリッシング
営業部直販課
☎03-6888-7893
【本書内容についてのお問合せは】
JTBパブリッシング
編集制作本部企画出版部
☎03-6888-7846
〒162-8446東京都新宿区払方町25-5
http://www.jtbpublishing.com

© Kankan
© JTB Publishing 2012
禁無断転載・複製　123480

Printed in Japan　373560
ISBN978-4-533-08206-1　C2026

◎乱丁・落丁はお取り替えいたします。
◎旅とおでかけ旬情報
http://rurubu.com/

楽学
373560

楽しく学んで旅を深める 楽学ブックス

文学歴史

- 古事記・日本書紀を歩く
- 奥の細道を歩く
- 世界遺産 熊野古道を歩く
- 源氏物語を歩く
- 日本の名城Ⅰ 東国編
- 日本の名城Ⅱ 西国編
- 京の離宮と御所
- 荷風流 東京ひとり歩き
- よくわかる国宝
- 京都奈良の世界遺産
- イザベラ・バード 『日本奥地紀行』を歩く
- 江戸東京の庭園散歩
- 歩きたい歴史の町並
- 東京の歴史的邸宅散歩
- 浮世絵と古地図でめぐる 江戸名所散歩
- 京都 和の色の歳時記

古寺巡礼

- 西国三十三カ所めぐり
- 四国八十八カ所めぐり
- 坂東三十三カ所めぐり
- 秩父三十四カ所めぐり
- 鎌倉の古寺
- 京都の古寺Ⅰ 洛中・東山
- 京都の古寺Ⅱ 洛西・洛北・洛南・宇治
- 道元禅師の寺を歩く
- 聖徳太子の寺を歩く
- 弘法大師空海の寺を歩く
- 伝教大師最澄の寺を歩く
- 奈良大和路の古寺
- よくわかる仏像の見方
- よくわかる日本庭園の見方

アート

- キミ子方式スケッチ入門
- 名画美術館Ⅰ 全国編
- 名画美術館Ⅱ 首都圏編

自然

- オーロラ ウォッチングガイド

海外

- 世界遺産 一度は行きたい100選 ヨーロッパ
- 世界遺産 一度は行きたい100選 アジア・アフリカ
- アンコール・ワットへの道

神社

- 伊勢神宮

オススメ図書

日本の大聖地

辰宮太一[監修・文]
Kankan[写真]
●定価2000円(税別)

写真を見るだけでパワーを授かります! 一度は訪れたい究極のエナジーフィールド50カ所を厳選紹介。

元気《パワー》をもらう神社旅行

辰宮太一[文]
中野晴生・Kankan[写真]
●定価1800円(税別)

言霊や『古事記』から引いた神様のお役目の解説からご利益まで、著者ならではの幅広く深い知識による神社の入門書。

JTBパブリッシング
TEL 03-6888-7893
FAX 03-6888-7829

JTBパブリッシングの書籍がすべて見られます。
るるぶの書棚 http://rurubu.com/book/